AF246382

LE PHILOSOPHE MALGRÉ LUI.

Je t'offre, ami Lecteur, au Livre que voici,
Du bon, du médiocre, & du mauvais auffi.
Tu riras de l'aveu ; n'importe :
Eh ! quel Livre eft fait d'autre forte ?

Par M. CHAMBERLAN.

PREMIERE PARTIE.

AMSTERDAM.

M. DCC. LX.

PRÉFACE.

QUOIQUE la plupart de nos Ecrivains modernes applaudiſſent au Lord Shaftsbury, lorſqu'il dit dans un de ſes excellents Ouvrages, que tout homme qui publie un Livre, eſt ordinairement ſage, je me garderai cependant bien de m'appliquer la regle que ce grand Homme donne comme générale, & qui dans notre ſiecle a tant d'exceptions à ſouffrir, qu'elle en eſt, pour ainſi dire, anéantie.

a

Plus heureux que ne fut Diogenes, la lanterne à la main, j'ai couru l'Univers, & par-tout j'ai trouvé des hommes dont j'ai vû les défauts, & plaint l'aveuglement; mais sans me laisser éblouir, comme fit autrefois ce Philosophe, la réverbération de la même lumiere m'a fait connoître mes propres foiblesses. L'Essai que je présente au Public en est peut-être une; j'espere qu'il voudra bien me la pardonner.

Quelques Censeurs ne manqueront pas de s'élever contre moi: il me semble déja les entendre dire: Quel est ce nouveau Philosophe? Qu'a-t-il fait? Par où est-il connu?

Pourquoi se dit-il Philosophe
malgré lui ?

> *Quis novus hic nostris successit sedibus*
> *hospes ,*
> *Quem sese ore ferens ?*
>
> Virg.

Je dois les satisfaire. Quoique le Public m'ait déja ap-
plaudi en quelques occasions,
mon nom cependant sert
pour la premiere fois à parer
le titre d'un Livre. Quelques
sujets que j'ai traités se sen-
tant de la vivacité de ma jeunesse , ont péri entre les
mains des amis de Grécour,
sans que j'aie dû oser les ré-
clamer ; d'autres trop légé-
rement écrits , sont heureuse-
ment oubliés , & je me garderai bien de les rappeller à

a ij

la vie. Pour ce qui eſt de celui-ci, quoique la matiere en
ſoit abſolument philoſophi-
que, c'eſt malgré moi que je
lui donne le nom de Philoſophe : tant de gens ſe donnent ce titre, qu'il eſt tombé
dans un diſcrédit effrayant.

Autrefois par *Philoſophe*
on entendoit un Sage, ami
des hommes, qui n'employoit
ſes talents & ſes connoiſſances que pour le bien de l'humanité : ceux qui prétendent
aujourd'hui porter ce nom
glorieux, ſemblent affecter
tout le contraire ; jaloux, ambitieux, préſomptueux, méchans, on ne les connoît que
par leur baſſeſſe & leur mau-
vaiſe conduite : quel con-
traſte !

Il en est cependant encore parmi nous, qui à l'éminente supériorité de leurs talens sçavent allier une sagesse à l'épreuve de la corruption du siecle. MM. Dalembert, Rousseau de Genève, & un très-petit nombre d'autres, font à la fois Citoyens & Philosophes ; ils justifient dans leur conduite & dans leurs Ouvrages ce qu'a dit Horace:

Scribendi rectè sapere est principium & fons.

S'ils ont été exposés aux traits d'une ignorante critique, les vues dans lesquelles ils ont écrit ayant été d'instruire & de plaire, la satyre a toujours été impuissante contr'eux.

Quelque éloigné que je fois de ces deux grands Hommes, je fuivrai l'avis que donne Statius, lorfqu'il dit :

Longè fequere, & veftigia femper adora.

Mais mon but étant le même qu'ils s'étoient propofés, je laifferai, comme eux, chanter les Cigales.

Sole fub ardenti refonent arbufta cicadis.

EPITRE

DEDICATOIRE

A

LA VANITÉ.

COMME c'eſt la coutume de tous les Ecrivains de choiſir quelques amis puiſſans, entre les mains deſquels ils dépoſent leurs fautes & leurs folies, c'eſt à l'ombre de ton nom, ô charmante Vanité, que j'oſe expoſer les miennes. Sois ma Muſe & mon Génie, comme tu es

L'amie de mon cœur & la joie de mon esprit ; n'abandonne pas un ami qui t'a toujours été fidele. Soutiens ma pauvreté, éclaire mon entendement, & fais-moi vivre, s'il est possible, après ma mort.

C'est toi qui a donné l'essence aux Héros & aux Poëtes : le courage & l'esprit eussent manqué de force, si pour les soutenir tu n'avois exposé à leurs yeux la réputation, qui est le plus délicieux de tes attributs. Tu es la gloire du Soldat, la muse du Poëte, la garde des Grands, la vertu des femmes : le Prêtre qui prêche contre toi, est dans le cœur un de tes plus fideles Partisans : le Musicien ne roule & n'étend sa voix que pour chanter tes louanges : le Peintre ne fût jamais parvenu à saisir la vérité de la nature, si tu n'eusse dirigé son pinceau, & flatté son imagination par la plus agréable perspective. Combien d'hypocrites, qui sous leur maintien modeste s'élevent tout haut contre toi, seroient fâchés de n'avoir plus une beauté aussi séduisante que la tienne pour mobile de leurs actions ! Pour moi j'avoue avec plaisir que tu as mille fois rempli mon ame de la joie la plus vive ; c'est à toi que je suis redevable de mon peu d'intelligence ; sans toi je n'eusse jamais connu la vérité & la Philosophie.

Rubans bleus, rouges, verds, couronnes, étoiles, globes & sceptres, sont les brillans joujoux dont la fortune orne les mains de tes enfans chéris ; mais c'est à toi qu'ils doivent le plaisir de la jouissance. Tu es un miroir qui ne laisse appercevoir aucune difformité, un ami qui ne révele jamais aucune vérité désagréable, & un ennemi, s'il est possible de te donner ce nom, qui chatouille en blessant. C'est à toi seule que le Guerrier doit ces conquêtes brillantes qui enflent si fort son orgueil : lorsqu'il voit les glorieux apprêts de la guerre, qu'il entend le son martial des trompettes, & qu'il parcourt les Légions invincibles qui lui sont soumises, il semble avoir quelque chose au-dessus de l'humanité ; le reste de l'Univers n'est plus rien pour lui, il est parfaitement heureux.

Fais aujourd'hui mon bonheur, comme tu fais le sien ; daignes recevoir mon hommage, comme un monument éternel de ma reconnoissance ; inspires-moi des pensées dignes de toi ; répands sur

mon esprit tes merveilleuses influences : réunis en moi l'utile &
l'agréable, & fais-moi jouir de
cette satisfaction solide dont tu flat-
tes les Auteurs dans leurs travaux
assidus.

Un homme qui a passé pour être
un des plus sages qui aient jamais
existé, s'efforça autrefois de noir-
cir ton nom : tu étois cependant
son amie fidele : tu avois soutenu
sa jeunesse, flatté ses espérances
dans l'âge mûr, tu ne l'abandon-
nas pas aux extrémités de sa vie :
alors il s'ecria avec emphase : O
vanité, vanité ! tout n'est que
vanité ! N'étoit-ce pas reconnoître ton pouvoir de la maniere la
plus éclatante ? Le chagrin que
lui causoit la perte de tes faveurs, excitoit en lui ces plaintes ; ses sensations étoient anéan-

ties, il n'étoit susceptible d'aucun plaisir.

Je suis avec un sincere dévouement,

De votre toute-puissance,

Le très-humble serviteur C...

LETTRE

LETTRE I.

A MONSIEUR...

Stet quicumque volet potens
Aulæ culmine lubicro;
Me dulcis saturet quies,
Obscuro positus loco,
Leni perfruar otio.   **Senec. in Thyest.**

S'éléve qui voudra, par force ou par adresse,
Jusqu'au sommet glissant des grandeurs de la
      Cour ;
Moi, je veux, sans quitter mon aimable séjour,
Loin du monde & du bruit rechercher la sagesse.
        D'Hainaut.

MONSIEUR,

Que la nature offre aux yeux
un spectacle bien séduisant, lors-

A

que l'esprit de réflexion guide sur
ses beautés un œil philosophique!
Je ne m'étonne plus de voir les
Grands se dépouiller avec tant de
satisfaction de l'éclat fatiguant
qui les environne, pour jouir aux
champs de la tranquillité & de la
paix. Le silence des bois, & la
tranquillité de l'air qu'on y respire, invitent le Sage à s'y retirer :
il y voit & admire les merveilles
de la création ; & seul avec son
Créateur, il lui rend graces de
tant de bienfaits.

J'avoue que ces ornemens dont
la mode se plaît à masquer les
Villes, n'y sont point en usage,
& qu'on n'y connoît pas ces com-
plimens fades qui se prostituent
tous les jours sous le nom de *po-
litesse* ; mais qu'on en est bien
dédommagé par cette naturelle
simplicité dans les manieres, qui
indique pour l'ordinaire l'honnêteté & la franchise! Chacun y

porte fur fon front la vérité de fon caractere, & les paroles qu'on y prononce, font les véritables expreffions du cœur.

Ce n'eft plus ce théâtre étroit, où un petit nombre de Spectateurs font éblouis par de brillantes décorations dont il ne refte fouvent qu'un fonge, que le jour & le tumulte des Villes anéantit. Le flambeau du monde, fufpendu comme un luftre à la voûte azurée qui couvre l'Univers, éclaire des prodiges étonnans.

D'un côté, c'eft un champ fpacieux, qui d'abord couvert d'une draperie verdoyante, charme par la fimplicité de fes ornemens : le gazon qui les forme, avide de remplir le terrein qu'on lui a confié, s'éleve avec orgueil, & fe pare d'un fruit bienfaifant, qui quelques femaines après, jauni par les rayons du Soleil, fait flotter fous les yeux l'efpérance d'une abondante moiffon.

Ce font des prés immenfes, dont le fein fertile, outre des herbages fucculens, produit encore un nombre infini de fleurs, qui fans oftentation & fans jaloufie fe furpaffent toutes en beauté. Quoique fans ceffe coupées par la dent des troupeaux qu'elles repaiffent, on diroit qu'elles ne defirent de renaître que pour embaumer le lait que les vaches tirent de leurs fucs nourriciers, & blanchir la laine du tendre agneau qui repofe fur elle.

L'afpect de tant de merveilles n'eft-il pas infiniment plus fatisfaifant que ces temples fomptueux, dont on ne peut approcher fans craindre pour fa vertu, où Bélial eft la Divinité qu'on adore, l'honneur la victime qu'on immole, & où l'indécence & la

débauche font le feul but où tendent fes Sectateurs?

Il eft vrai que dans nos réduits
champêtres, la voix mélodieufe
d'un Muficien habile, jointe aux
fons enchanteurs qu'il tire d'un
inftrument dangereux, ne ver-
fe point la molleffe dans nos
cœurs; mais qu'on en eft bien
dédommagé par le tendre ga-
zouillement des oifeaux! Ces
Muficiens charmans femblent ne
fe percher en cent endroits, que
pour inviter les échos à répeter
leurs chanfons gracieufes, & répandre au loin l'innocence & la
gaieté. Enfin tout y charme les
yeux, tout enchante les oreilles,
tout refpire la fatisfaction & le
plaifir; c'eft le feul endroit où,
loin des folles impertinences des
Villes, le Héros fatigué des travaux glorieux qu'il a effuyés pour
le bien de fa Patrie, trouve le

A iij

repos qu'il defire. Tranquille à l'abri des arches mouvantes que forment les rameaux des chênes orgueilleux, il écoute fans interruption la voix de fon Dieu, contemple fans obftacle l'ouvrage de fes mains; & frappé d'étonnement à la vue de tant de merveilles, il fléchit le genou, & adore fa grandeur toute-puiffante.

Je fuis, &c.

LETTRE II.

A M. SAMSON,

Evêque de Salisbury.

Regitur fatis mortale genus,
Nec sibi quisquam spondere potest
Firmum & stabile : perque casus
Volvitur varios semper nobis
Metuenda dies.   Senec. in Octav.

L'homme s'oppose en vain contre la destinée,
Tel a dompté sur mer la tempête obstinée,
Qui deçu dans le port, éprouve en un instant
Des accidens humains le revers inconstant,
Qui le jette au danger, lorsque moins il y pense.
          Regnier, Eleg. 5.

MONSIEUR,

Je reprochois à la nuit de m'a-
voir séparé de la plus aimable

A iv

compagnie du monde, & je re-
paſſois dans mon eſprit les différentes réflexions que nous avions
faites ſur l'humanité, lorſqu'un
ſommeil affreux, après avoir affoibli tous les reſſorts de mon corps,
les anéantit. Je m'imaginai être
à l'entrée d'une Plaine ſi vaſte &
ſi étendue, que mes yeux ne pouvoient en atteindre les extrêmi-
tés : elle étoit couverte d'une
multitude infinie de perſonnes de
différens ſexes, & de tous âges,
dont chacune ſembloit être atta-
chée à la pourſuite de quelque
objet différent, avec plus ou
moins d'activité & d'inquiétude.

L'air étoit parſemé d'une infinité d'êtres ailés, ayant la figure
humaine, tels que les Anciens
imaginoient les Génies, ou que
les Peintres & les Poëtes ont
coutume de repréſenter les petits
Satellites de Venus. Malgré leur

légereté, je remarquai cependant en eux une grande variété de caracteres. Les uns avoient l'air riant & badin des Amours; d'autres, l'air chagrin & mal-intentionné des Gnomes, & plusieurs fixés entre les deux extrêmes, tantôt pensifs, tantôt gais, ressembloient à un nombre de Sylphes qui courent après la vertu & la réputation. Les uns & les autres sans cesse voltigeans sur la tête des habitans de la Plaine, leur servoient de guides dans la carriere qu'ils vouloient embrasser; quelques-uns même sembloient être troublés par les opérations de deux ou trois à la fois.

Après avoir long-temps examiné un spectacle si extraordinaire, je m'approchai d'une Dame qui paroissoit moins occupée que les autres. Je lui demandai le nom du lieu où j'étois, & quels étoient

les objets différens qui se présen-
toient à mes yeux.

» Cette Plaine qui paroît de-
,, vant vous, me répondit-elle,
,, est le cours de la vie humaine,
,, & les différens personnages qui
,, la parcourent, font un tableau
,, fidele de l'humanité «. Mais,
Madame, lui dis-je, comment
se peut-il faire que dans un endroit où tout est en mouvement,
vous soyez si peu occupée ? » Per-
,, sonne, reprit-elle, ne peut
,, satisfaire à vos demandes avec
,, plus de justesse que moi : mon
,, nom est Observation ; quel-
,, ques-uns me nomment Expé-
,, rience ; d'autres Sagesse. Ni
,, hommes ni femmes ici-bas né
,, peuvent sçavoir ce qu'ils font,
,, si je ne les éclaire ; ils font ce-
,, pendant si foibles & si bizarres,
,, que bien peu me consultent
,, sur ce qui les regarde, quoi-

,, que presque tous me fassent
,, des questions sur la conduite
,, des autres.

,, Cet essain innombrable de
,, petits corps ailés qui voltigent
,, sur chaque tête, & semblent en
,, diriger les mouvemens, sont
,, en général les différentes pas-
,, sions qui meuvent & gouver-
,, nent la plus grande partie du
,, genre humain. Ceux dont l'air
,, est incertain, & que vous voyez
,, occupés à la poursuite d'objets
,, toujours nouveaux, qui dans
,, une continuelle perplexité
,, semblent s'évanouir & revivre
,, sans cesse, sont ce que nous
,, appellons *Espérances* : elles
,, prennent leur vol d'une ma-
,, niere si inconsiderée, & avec
,, une obstination si folle, qu'il
,, n'est pas étonnant qu'elles
,, soient arrêtées dans leurs vues.
,, De quelque côté qu'elles diri-

A vj

,, gent leur courfe, la route leur
,, paroît aifée & fans obftacle,
,, ce qui les expofe à en rencon-
,, trer plufieurs, & fait échouer
,, ceux qu'elles conduifent. Leur
,, affiftance eft cependant fi né-
,, ceffaire, & leur pouvoir fi effi-
,, cace, que fans elles peu d'en-
,, treprifes feroient formées, au-
,, cune ne feroit fuivie. Voyez,
,, ajouta-t-elle, comment elles
,, agiffent fur quelques-unes des
,, perfonnes les plus diftinguées
,, qui fe préfentent devant nous,
,, & de combien de façons diffé-
,, rentes elles font affectées. ,,
A ces mots elle me remit un
miroir, par le moyen duquel je
vis avec étonnement toute l'é-
tendue de la Plaine, & les différens objets qui ont coutume d'exciter les defirs des hommes.

Le premier qui attira mon
attention fut un jeune homme,

dont la force & la complexion fleurie, laiſſoit entrevoir qu'il pouvoit avoir vingt-cinq ans. Ses yeux étoient fixés ſur le temple de la Beauté, ſur le frontiſpice duquel on voyoit écrit en lettres d'or PLAISIRS. Deux flatteuſes Eſpérances, ornées des livrées de l'Hymen & de l'Amour, l'introduiſirent avec confiance ; il approchoit du ſanctuaire de la Divinité, lorſqu'un autre Eſprit, que ma Directrice me dit être la Rivalité, diminua d'abord ſon empreſſement. Ses Guides effrayés s'évanouirent un inſtant ; puis revenant avec plus de force, ils ranimèrent ſon courage & le rendirent plus entreprenant. Déja il avoit pénétré juſqu'à une des Prêtreſſes qui étoient l'objet de ſes deſirs, s'étoit fait écouter & étoit prêt à ſaiſir ſa proie, quand un autre Génie portant un air de hauteur & d'autorité, l'obligea de finir ses poursuites. Ce troisieme étoit l'Inégalité des fortunes.

Je jettai ensuite les yeux sur le réduit voisin, où l'inscription étoit GLOIRE. Je vis bien que les Aspirans devoient être d'un tempérament guerrier ; du moins je le devinai à l'air dur des Espérances qui les agitoient. Ces petits êtres ailés étoient couverts de cicatrices, & *brandissoient* en leurs mains une épée flamboyante. Mille obstacles arrêtoient à chaque moment les progrès du Héros. Le stratagême, la défaite & la famine, l'eussent vingt fois fait succomber, si la bravoure & l'intrépidité ne l'eussent tiré d'affaire. Après avoir essuyé des travaux infinis, il étoit enfin vainqueur, & l'Héroïsme étoit prêt à couronner ses victoires, lorsqu'un dernier ennemi, aussi obscur que

perfide, le frappa d'un coup inat-
tendu, & le précipita dans l'oubli.

Effrayé du coup funeste que
j'avois vu porter à ce Héros que
j'admirois, je détournai la vue
d'un spectacle si affreux. Le réduit de l'Ambition me frappa :
les dehors en étoient ornés d'une
maniere éclatante : on y lisoit le
mot POUVOIR. Le nombre des
Athletes qui concouroient dans
cette arêne, étoit infini. Tous
combattoient avec la même attention & le même courage, mais
non pas avec le même succès.
Les différentes Espérances qui
leur servoient de mobile, avoient
l'air plus serein à mesure que celui qu'elles protégeoient, s'avançoit sur ses rivaux. Quelques-uns
étoient intimidés du moindre
refus, d'autres bravoient tout.
L'Envie, la Flatterie, le Men-

fonge, faifoient mille efforts pour arrêter les Candidats; le Vertueux s'avançoit toujours : l'air riant de fes petits Guides fembloit lui dire qu'il alloit recevoir la récompenfe due à fes peines, lorfqu'un dernier venu, fecondé de l'Efprit Richeffe, détruifit tous fes travaux, & le réduifit au défefpoir.

Tant de fpectacles affligeans m'avoient touché jufques au fond du cœur, & j'étois fincérement fâché de voir des hommes comme moi devenir la dupe de ces petits êtres, qui fe jouoient à leur gré de la foibleffe des mortels. Un grand bruit fe fit entendre à l'autre bout de la Plaine, la curiofité y attira mes regards. Je ne fus pas peu furpris de voir une jeune Beauté qui couroit au milieu d'un peuple infini, fur lequel elle répandoit des biens fans nombre. La précipitation avec laquelle

elle fuyoit devant eux, ne laiſſoit
aucune eſpérance de pouvoir l'atteindre; auſſi la plus grande partie
des pourſuivans s'appliquoient-ils
plutôt à ramaſſer ſes préſens, que
je reconnus être de différente eſpece. La vivacité des plus jeunes
leur faiſoit prendre le clinquant
pour de l'or, ils déploroient leur
erreur. Les vieillards au contraire, inſtruits par l'expérience, ſe
chargeoient de richeſſes, au point
que forcés de plier ſous le poids
de l'or & des années, ils étoient
contraints de les abandonner à
ceux qui venoient après eux,
quelque indignes qu'ils en fuſſent.

J'enviois le bonheur de ces
derniers, & riois de la folie des
autres ; mais tandis que mes yeux
obſervoient avec trop d'attention
ce qui ſe paſſoit autour de moi,
je ne voyois pas une quantité de

petits Efprits qui voltigeoient fur ma tête : un mouvement que je fis pour m'en détourner, rompit la glace. La frayeur m'éveilla en furfaut, & je me vis avec chagrin expofé aux foibleffes que j'avois déploré dans les autres. La feule efpérance flatteufe qui me refte, eft que vous voudrez bien me croire le plus zélé de vos Serviteurs.

Je fuis, &c.

LETTRE III.

A M. LE COMTE D'HARRINGTON.

. . . . . . Ridiculum acri,
Fortius ac melius plerumque secat res.

Hor. L. 1. Sat. 10.

Souvent un fin Rieur, mieux qu'un Censeur
sévere,
Sçaura trancher le nœud de la plus grande
affaire.

Prepetit de Grammont.

MONSIEUR,

Vous me mandez que vous avez résolu de changer de conduite, & que vous voulez désormais vous attacher à l'Etude. Croyez-moi, laissez au petit peuple le soin de cultiver les Arts &

les Sciences ; il en a befoin autant
pour montrer qu'il tient par quelque chofe à l'humanité, que pour
foutenir fes jours malheureux
contre la difette. L'hommage
qu'il vous fait du fruit de fes veil-
les, montre affez que c'eft à vous
à en juger, & non pas à les produire.

A quoi bon fe donner tant de
peines, pour obtenir ce que d'autres ont déja acquis pour vous ?
Votre Maifon eft auffi illuftre
qu'ancienne ; vos ayeux ont mérité des honneurs, & acquis des
richeffes immenfes ; c'eft à vous à
jouir de l'un & de l'autre de la
meilleure grace du monde.

Si quelques indociles viennent
à révoquer en doute votre gloire,
du milieu de vos plaifirs montrez-
leur vos Armes & le nombre de
vos Fiefs ; éblouiffez-les par l'é-
clat de votre rang & de votre

nobleffe ; qu'ils rampent & gardent le filence. Il feroit beau voir un homme de votre qualité travailler comme un forçat pour acquérir la Renommée, tandis qu'il a dans fes Archives des titres pompeux, & un coffre-fort que le travail affidu de fes Fermiers conferve dans un honnête embonpoint! Quelqu'un fe récriera peut-être que l'éclat des vertus de vos Ancêtres ne brille que foiblement fur votre perfonne? Faites-lui obferver qu'il eft impoffible qu'il ne foit pas affoibli par la longueur du voyage qu'il a fait par trois ou quatre générations, dont chacune en avoit peut-être autant befoin que vous. D'ailleurs, rien n'eft plus ordinaire dans notre fiecle, que de voir le mérite des grandes familles reffembler au cours renverfé d'une Riviere, qui s'élargit en remontant vers fa fource.

Il eſt cependant vrai que vous n'en ſeriez pas plus mal, ſi ces hommes fameux de qui vous tenez la place, avoient pu faire paſſer leurs éminentes qualités juſqu'à vous; mais comme cela n'eſt pas, il faut vous contenter de l'alliance que vous y avez, quelqu'éloignée qu'elle ſoit. Que de gens ſeroient malheureux, s'il falloit qu'ils ſe contentaſſent de leur propre mérite! Heureuſement il a été abondamment pourvu au ſoutien des beaux titres qui vous ont été tranſmis, & vous poſſedez la vraie pierre de touche de la Nobleſſe. Sans de grands biens, que pourroit une Patente ſur les cœurs & ſur les chapeaux d'une aſſemblée? Rien. Elle ne feroit qu'y porter le dégoût & l'ennui. La Nobleſſe qui brille dans l'Echiquier, au contraire, gagne les ſuffrages, & ſe

fait adorer. Un million de rente
met un vernis de fageffe fur la
folie la plus décidée, & l'homme
le plus fot eft, à coup fûr, un
homme d'efprit, lorfqu'il eft
étayé de ces titres vifibles. L'efprit du pauvre eft timide, & n'ofe
fe montrer ; chacun le rebute, la
critique le mord impitoyable-
ment ; celui du riche brille fur
fes habits, & ne manque jamais
de recevoir des louanges.

Peut-être allez-vous taxer de
folie le confeil que je prends la
liberté de vous donner ; mais
comme vous fçavez que bien
d'honnêtes gens vivroient &
mourroient en filence, s'il falloit
que la langue fût toujours affu-
jettie à la direction du bon-fens,
permettez-moi d'ufer encore une
foi de la liberté que chacun a
d'être fou, pour vous affûrer que
je fuis de votre coffre-fort, &c.

LETTRE IV.

A M. LE VICOMTE
DE PHALMOUTH.

Quid mentem traxiſſe Polo, quid profuit altum
Erexiſſe caput, pecudum ſi more pererrant ?
Claud.

Effet de la dépravation parmi les hommes. Comparaiſon des hommes avec les animaux. Nous ſommes faits les uns pour les autres.

MILORD,

Il eſt univerſellement vrai que parmi les Eſtres ſortis des mains de Dieu, lorſque les plus parfaits viennent à ſe corrompre, ils deviennent auſſi méchans que leur degré de perfection avoit été élevé. L'exemple

L'exemple de ces Eſtres de lumiere qu'un mouvement d'orgueil précipita du ſéjour de la gloire, eſt une preuve convaincante
de cette vérité. Elle peut s'attribuer à toute la Nature, mais les
hommes ſemblent en montrer un
effet d'autant plus ſenſible, qu'il
eſt plus général.

Un homme de la lie du peuple vient-il à tomber dans la dépravation, ſes vûes ſont bornées,
ſon déréglement ne paſſe pas la
ſphere étroite qui le contient. Si
au contraire il eſt au-deſſus des
autres, non-ſeulement par l'élévation de ſon génie & l'immen-
ſité de ſes connoiſſances, mais encore par l'autorité & le rang,
c'eſt un torrent qui entraîne tout
dans ſa chute ; l'oppreſſion & la
rapine l'accompagnent partout,
ſa préſence annonce la deſtruction
& la miſere.

Le premier pour une faute légere

B

eſt expoſé à la rigueur des Loix, il expie ſon crime dans les tourmens ; l'illuſtre ſcélérat les brave impunément. Il peut à ſon gré piller les Etats, mettre les Peuples aux fers, couvrir la terre de ſang & d'horreurs ; il ſemble ignorer qu'il y ait un vengeur des crimes ; l'éclair ne l'épouvante pas, il faut que la foudre éclate pour le convaincre.

Lorſque quelques anciens Philoſophes ont comparé l'homme aux animaux, ils comptoient en l'aviliſſant le faire rentrer en lui-même, & ne s'imaginoient pas faire l'apothéoſe des ſiecles qui devoient les ſuivre ; la raiſon dont le Créateur l'avoit abondamment pourvu, leur paroiſſoit un tréſor aſſez précieux, pour qu'il n'eût pas beſoin de recourir à l'inſtinct. Combien cependant ſeroient heureux aujourd'hui, s'ils poſſédoient ce dernier !

Dans l'état de dépravation où les

hommes sont tombés, il est certain que le plus méchant des animaux n'est que l'ombre & l'emblême de la corruption de la nature humaine. En effet les brutes ont-elles quelque chose d'aussi ridicule dans leurs especes, que nombre de gens que l'on voit tous les jours dans les meilleures compagnies ? Est-il un animal plus impur que ces hommes que nous voyons se veautrer dans les fruits dégoûtants de leur intempérance ? La rage des Tigres, la férocité des Lions, la cruauté des Loups & des Sangliers, sont-elles à comparer avec la perfidie du genre humain ? Un Loup & un Tigre dévorent une innocente Brebis pour satisfaire la faim qui les presse ; mais ne sont-ils pas innocents, si on les met en parallele avec la rage & la fureur des Conquérants, qui, foulant aux pieds l'honneur & la vertu, prétendent acquérir un vain nom, en

B ij

inondant la terre des effets fan-
glants de leur barbarie?

Quelque violence qu'exercent
les animaux fur ceux d'une efpece
différente, ils ne s'y abandonnent
que lorfque la faim ou leur propre défenfe les y oblige ; on ne
les verra jamais détruire ceux de
leur propre efpece. L'homme, le
plus noble des Eftres terreftres,
diftingué par le glorieux privilege
de la raifon & de l'intelligence,
eft pire à fes femblables, que les
brutes ne font entr'elles : non-feu-
lement les différens ordres où il
eft placé, font en butte à l'inimi-
tié les uns des autres, mais encore ceux d'une même Société, liés
par les mêmes intérêts, concou-
rent à leur perte mutuelle. Enfin
parcourons les différents états de
la vie, & nous verrons dans les
Cours des Princes, comme parmi
les affemblées des Particuliers,
plus d'injuftice, d'hypocrifie & de

crüauté, qu'on n'en remarquera jamais parmi les Sauvages habitans les deserts.

Mylord Campbell voyant un jour l'illuſtre Madame dé Grafigny careſſer un petit chien qu'elle aimoit particuliérement : Que vous êtes injuſte, Madame, lui dit-il, de prodiguer à ce petit animal tant de careſſes, dont maint honnête homme ſeroit flatté de mériter la jouiſſance à quelque prix que ce fût. J'aime mon chien, répondit Madame de Grafigny, & mon chien ſemble me témoigner chaque jour qu'il m'aime auſſi ; ſi je trouvois dans aucun de votre ſexe la moitié de la reconnoiſſance & de la ſincérité que je trouve dans mon pauvre Totty, je vous jure qu'il ne me trouveroit pas inſenſible.

A dire vrai, il ſemble que l'ingratitude & la fauſſeté ſoient des vices annexés à l'humanité, d'au-

tant qu'on ne les trouve point,
ou que très-rarement, dans les animaux. L'Hiſtoire rapporte mille
traits de la reconnoiſſance des brutes envers des hommes qui avoient
été ou leurs bienfaiĉteurs, ou leurs
défenſeurs, ou leurs Médecins :
l'expérience nous en donne tous
les jours des preuves ſenſibles.
Nous voyons des chiens careſſer
leurs Maîtres, veiller à leur ſûreté, & leur ſauver la vie, tandis
qu'un ſerviteur infidele, ou un ami
trompeur, cherchoient les moyens
de la lui arracher.

Suivons l'exemple des animaux,
puiſque nous nous ſommes abaiſ-
ſés au-deſſous d'eux. Cherchons
notre propre intérêt, c'eſt trop
juſte : l'amour-propre eſt une paſſion à la fois naturelle & néceſſaire ; mais faiſons le bien de nos ſemblables.

Nec ſibi, ſed toti genitum ſe credere mundo.
Lucan.

Tout Estre créé ne sçauroit être heureux indépendant de son Créateur : comment nous qui sommes les enfans d'un même Pere, participans à la même nature, & ayant les mêmes inclinations, pourrions-nous être indifférents sur le compte les uns des autres ? Quand même tout homme, à l'exemple de son Auteur, trouveroit en lui-même son propre bonheur, il seroit cependant encore raisonnable de faire, à l'exemple de la Divinité, le bien des autres. Mais comme nos besoins communs & la dépendance mutuelle où nous sommes, fait le bien particulier de chacun, il est absurde de croire que l'amour de soi-même puisse exister sans l'amour de ceux avec qui nous sommes intimement & nécessairement unis.

Des Estres qui ne peuvent être heureux sans l'assistance mutuelle les uns des autres , ne peuvent non plus être heureux fans un a-mour mutuel , parce que fans cet-te bienveillance il ne fçauroit y avoir aucun motif naturel qui puiffe les engager à fe prêter les fecours réciproques , auxquels ils font cependant indifpenfablement obligés par les loix de la nature. Nous fomme les parties d'un me-me tout , dont l'harmonie exacte dans fes différentes opérations tend à la confervation générale.

Que deviendroient ces gens qui fe regardent comme le cen-tre de toutes leurs vues , fans a-voir égard à la Communauté , fi les membres qui la compo-fent adoptoient un principe auffi refferré ? Les raifons qu'ils avan-cent font auffi déshonorantes pour eux-mêmes , que pernicieufes à la Société ; les feuls novices dans la fcience du Monde les écoutent , le fage les méprife.

LETTRE V.

A M. LE COMTE D'HARCOURT.

Vitiis nemo sine nascitur; optimus ille est
Qui minimis urgetur. . . . . Hor. L. 1. Sat. 3.

L'homme le plus parfait a manqué de cervelle.
Regnier, Sat. 9.

Monsieur,

Il est étonnant que vous me fassiez une question que vous pouvez mieux décider que moi, vu la grande étendue de vos connoissances. Je tâcherai cependant de vous satisfaire.

La mémoire est une faculté de

B v

l'efprit, dont quelques - uns font plus amplement partagés que d'autres. Il eſt certain qu'elle peut s'augmenter par l'uſage, mais vouloir en donner des principes, c'eſt tomber dans le ridicule de celui qui, après avoir fait un Livre fur l'Art d'acquerir de la mémoire, oublia l'endroit où il l'avoit placé, lorſqu'il voulut s'en fervir.

On rapporte qu'un homme s'étant propoſé de donner à deux Dames des leçons de mémoire, l'une lui demanda pourquoi il n'étoit pas venu le matin, comme elles en étoient convenues ? En vérité, mes Dames, répondit le Maître, je l'ai oublié. Je vois, lui répliqua la Dame, que vous connoiſſez peu l'Art que vous voulez enſeigner aux autres : pénétrez-vous-en d'une maniere infaillible, & vous viendrez nous en inſtruire.

L'Histoire fait mention de plusieurs personnes dont la mémoire
étoit prodigieuse. Appius-Clau-
dius pouvoit, dit-on, saluer tous
les Citoyens de Rome par leurs
noms. Mithridates, Roi de Pont,
parloit vingt-deux Langues, &
passoit ses Soldats en revue, sans
en avoir le rôle. Lorsque le Sénat
Romain eut condamné les Livres
de Cassius-Severus à être brûlés :
Si vous voulez les détruire entierement, leur dit-il, il faut me
brûler aussi ; car je puis les répé-
ter jusqu'au moindre mot. Tous
ces différens efforts de mémoire
sont étonnans ; mais n'étant em-
ployés qu'à des bagatelles, leurs
possesseurs se sont attirés plus de
ridicule que d'estime. On voit
nombre d'époques aussi remarquables par l'excès contraire, &
Messala Corvinus, qui avoit oublié jusqu'à son nom, n'est pas
B vj

moins eſtimé que les premiers.

Sans nous en tenir aux anciennes Relations, que d'exemples n'avons-nous pas de nos jours de l'un & l'autre excès! La plûpart de nos Grands ne ſont-ils pas pire que Corvinus? L'un n'avoit oublié que ſon nom, ils oublient qu'ils ſont hommes; un Avocat oubliera ſûrement votre Cauſe, ſi vous pourſuivez *in formâ pauperis*; & jamais un Médecin ne s'eſt ſouvenu d'avoir été appellé une ſeconde fois, ſi on ne lui a pas payé ſa premiere viſite. Que de Paſteurs qui oublient ce qu'ils doivent à leurs Troupeaux, quoiqu'ils ſe ſouviennent fort bien du jour où ils ont coutume de toucher leurs revenus! M. D. P. ne reconnoît perſonne que par le galon qui eſt ſur les habits. Le beau Marquis de V. . . . . ſe ſouvient fort bien en quelles mains il remet ſes billets

doux , mais il oublie affez volontiers où il a mis les mémoires de
fes Créanciers. On passeroit à la
Duchesse de M. de fe souvenir
des Menuets qu'elle danfa en 1710;
de quels Amants elle fut adorée
en 1712 ; quels ajuftemens firent
alors admirer fa beauté dans les
Loges de l'Opéra ; mais qu'elle
oublie les foixante ans, qu'elle a,
qu'elle parle , qu'elle agiffe , & fe
pare , comme fi elle n'en avoit
que vingt-deux , tout le monde
en rit. Chacun oublie & fe fouvient , fuivant que fes intérêts femblent l'exiger. On fe fouvient des
injures que l'on a reçues, & de la
vengeance qu'on s'eft promis d'en
tirer ; mais on oublie que l'on eft
pere ou fils ; d'autres oublient
qu'ils font maris ; les femmes ,
qu'elles font époufes ; quelques-
unes même s'oublient entierement
elles-mêmes. On n'eft plus étonné

de voir renaître à chaque moment cette femme que M. Con-
greve a peinte avec tant d'esprit,
qui, dit-il, ne pouvoit se rappeller le lendemain les Amants qu'elle avoit entretenus la veille. Enfin
le nombre de ceux chez qui la mémoire est en défaut, est si grand,
qu'il seroit beaucoup plus aisé de
donner l'art d'oublier, que celui
de se ressouvenir. Comme vous
possédez l'un & l'autre, & que la
sagesse vous indique où vous devez
les employer, servez-vous du premier, si ma Lettre vous déplaît,
& que l'autre vous remette sans
cesse devant les yeux que je suis,
&c.

LETTRE VI.

A M. DELAWART,

Gouverneur de Guernsey.

Unicuique dedit vitium natura creato.
Propert, L. 2.

Chacun a son défaut où toujours il revient,
Honte ni peur n'y rémédie.
La Font. L. 3. Fabl. 7.

MONSIEUR,

Parmi les différens ennemis qui ont coutume de s'élever contre le repos du Genre humain, l'ambition & l'avarice sont sans doute les plus dangereux. Violents, inquiets, insatiables, les maux dont ils infectent la terre, semblent faire leurs plus cheres délices : malheur à celui qui tombe sous leurs coups! Ces tyrans, après avoir vaincu les foibles efforts de la raison de l'homme, à peine se sont-ils rendus maîtres de son cœur, qu'ils profitent de la foiblesse de cet infortuné pour l'engager dans des injustices & des cruautés sans nombre. Réduit par ces orgueilleux vainqueurs à l'esclavage le plus dur, désormais la seule occupation de cet insecte laborieux est de fouir la terre, de bâtir, commercer, piller, faire des contrats usuraires, se tromper lui-même, sa famille, ses voisins, ses amis : & pourquoi? Pour acquérir d'immenses possessions. Encore si la jouissance de tant de biens lui procuroit une satisfaction réelle; si l'envie de se servir de ces mêmes richesses pour aider les malheureux, croissoit avec elles dans son cœur, peut-être cesserois-je de le plaindre : mais tout au contraire ; son ame sans cesse agitée entre la crainte & l'espérance, lui ôte tout sentiment d'humanité. Il regarde avec mépris ceux qui sont au-dessous de lui, & rit de la bonté de ces Ames généreuses qui font leur plaisir particulier de secourir leurs freres. Aussi ses parens le détestent-ils, il n'a point d'amis, chacun le fuit, l'univers entier lui déclare une haine éternelle : s'il est chargé de l'administration de la Justice, il ne rend à chacun que suivant les présens qu'on lui fait; s'il est à la Cour, il y trafique; l'argent est le Dieu qu'il adore. Suivons au lit de la mort ce malheureux coupable, & nous verrons que les larmes qu'il verse, sont moins occasionnées par le regret qu'il a de quitter la vie, que par le désespoir où il est

d'abandonner le fruit de ſes ini-
quités.

Les effets de l'ambition ne ſont
pas moins funeſtes : ce vain Mortel , que toutes les prérogatives
d'un pouvoir deſpotique environnent , eſt obéi par un million
d'hommes , pour qui le moindre
de ſes geſtes eſt une Loi : leur exiſtence dépend d'un ſouffle de ſa
bouche ; il pourroit être heureux
en faiſant leur bonheur ; cependant le feu , le fer , la famine le
ſuivent partout. Tâchons de découvrir quels ſont les deſſeins de
ce grand Monarque , & de ſçavoir quelles raiſons il peut avoir
pour troubler ainſi le repos du
Genre humain. Ses Etats ſont-ils
trop reſſerrés , ſont-ils ſtériles ou
ſitués dans un pays froid & ſans
agrémens ? Ses voiſins l'ont-ils in-
ſulté ? Ses Alliés ont - ils rompu
les Traités qu'il avoit avec eux ?

Se sont-ils déja emparés de quelques-unes de ses Provinces, & ces préparatifs effrayans sont-ils pour repousser leur violence, & les faire repentir de leur témérité? Non. Une troupe de vils esclaves qui, n'ayant plus d'honneur à perdre, se sont fait une douce habitude de tromper leur Maître, sont la cause de ce désordre; ils lui ont fait entendre que, quelque puissant qu'il fût, il pouvoit l'être encore davantage; ils l'ont même flatté par l'espoir de la Monarchie universelle, & ce crédule Prince enivré de l'encens que lui prodiguoient ces faux adulateurs, a tout oublié, & ce qu'il devoit à Dieu, & ce qu'il devoit aux Hommes. La vertu n'a plus été qu'un vain nom qu'on a bientôt remplacé par le mot *gloire*; & de quelque manque de foi, de quelque cruauté qu'on accusât les Courtifans, leur réponfe étoit toujours: Qu'ainfi l'exigeoit *la gloire du grand Monarque*.

Miniftres barbares d'un Prince malheureux que vous avez précipité dans un abîme d'impiétés, penfez-vous qu'il y ait un avenir? Efpérez-vous rendre la Providence votre complice, ou croyez-vous que ce foit une vaine chimere? Je veux un moment avec vous que cela foit. Ces torrents de fang répandus par votre déteftable politique, les cris de ces innocentes victimes que la famine a expofés à être dévorés par leurs propres meres, ces amas de morts & de mourans, ne vous faififfent-ils pas d'effroi? Votre cœur eft-il affez endurci pour ne pas détourner la vue de cet affreux fpectacle? Ah! je le vois, vous êtes émus; fçachez donc qu'il eft un Dieu puiffant, devant

qui tous les hommes font égaux.
Témoins de vos forfaits, rien ne
vous fauvera de fa juftice ; vos
richeffes & vos honneurs, loin de
parer aucun des coups que vous
réferve fa vengeance, ne feront que
l'irriter ; contraints d'errer à l'a-
venture fur les ruines du monde,
au gré de tous les différens fléaux
qui vous pourfuivront, la terre
s'écroulera fous vos pieds ; les
torrens viendront vous fubmer-
ger, fans cependant vous détruire ; cachés dans les cavernes, vous
y ferez enfevelis, & renaîtrez
toujours plus malheureux ; cher-
chants de nouveaux climats & de
nouveaux afyles, partout le remords vous y fuivra, & ainfi
qu'un veautour rongeur, déchi-
rera vos entrailles fans ceffe re-
naiffantes ; enfin toujours plus
perfécutés & plus criminels,

rien n'égalera votre misere , &
le désespoir le plus affreux ne sera
pour vous qu'une ressource inutile.

LETTRE VII.

A M[de] LA BARONNE DE BEAUCLERCK.

Virtutis est domare quæ cuncti pavent.
        Senec. in Herc. furent.

Je sçais qu'en pareil cas le plus ferme courage
        Est souvent abattu :
Mais c'est où l'on doit faire un glorieux usage
        De toute sa vertu.

MADAME,

J'ai reçu celle dont vous m'avez honoré, & je ne puis m'empêcher de vous dire que vous êtes terriblement pressante. Quoi ! pour une historiette que je vous contai hier au soir, vous ne pouvez, dites - vous, être contente, que vous ne l'ayez par écrit? Vos prieres font pour moi des ordres: J'obéis.

Histoire de SADDIQ.

Toglatimur Can, Roi de Tartarie , apprit un jour qu'il y avoit dans ses Etats un homme qui s'étoit fait une étude si particuliere de dire la vérité , qu'il n'avoit jamais menti en sa vie. Ce Prince, qui sçavoit combien il étoit rare de voir de pareilles gens auprès des Souverains, fut flatté de posséder un trésor si précieux ; il résolut de se l'attacher ; pour y parvenir , il le fit son premier Ecuyer.

Un Courtisan d'un caractere aussi extraordinaire ne manqua pas d'ennemis, qui employerent toutes les voies imaginables pour

le

le perdre. Le Roi à qui il n'étoit pas aisé d'en imposer, & qui avoit souvent éprouvé la vertu & la franchise de son Ecuyer, ne l'en aima que plus, & le surnomma *Saddiq*, c'est-à-dire, Diseur de vérité.

De tous les ennemis qu'avoit Saddiq, le Vizir Wangriburdi fut celui qui desira le plus sa ruine. Le chagrin de le voir dans une faveur si particuliere auprès du Prince, le rongeoit nuit & jour, & à force d'agiter l'intérieur, se fit bientôt appercevoir au dehors. Hoskendan sa fille s'en apperçut, & voulut en sçavoir la cause. Tu connois Saddiq, dit Vangriburdi ; il est vrai qu'il a des vertus sans nombre, mais elles ne sont point faites pour la Cour : il est cependant l'organe du Prince, rien ne se fait plus que par lui ; ma Charge même, la plus émi-

C

nente du Royaume, devient inutile. Quelque chose que nous ayons pu tenter pour détruire son crédit, tout s'est tourné à notre honte; s'il continue dans la même faveur, peut-être tout en ira-t-il mieux dans le Royaume; mais ma fortune est en danger, & un cordon fatal sera la récompense de mes services.

Cessez de vous alarmer, reprit Hoskendan; je sçais le moyen de ruiner Saddiq dans l'esprit du Roi: remettez-vous-en à mes soins, je vous assure que, quelque vertu qu'il puisse avoir, je sçaurai le réduire à la nécessité absolue de mentir. Le Vizir aveuglé par la jalousie, consentit à tout ce que sa fille voulut; il eût été content de périr lui-même, si dans sa chute il eût été certain d'entraîner son ennemi.

Hoskendan eut soin de se parer

de tout ce qu'elle avoit de plus précieux ; le *Vesme* le plus pur teignoit ses sourcils, le *Cna* le plus odoriférant parfumoit tout son corps, & cette parure jointe au desir de plaire, donnoit un nouvel éclat à sa beauté, qu'un feint air de modestie relevoit sur-tout infiniment. Dans cet état si propre à donner de l'amour, elle vole à l'appartement de Saddiq. Il étoit sur un sopha, où, réfléchissant sur les intrigues de la Cour, il savouroit à longs traits les délices d'une conscience irréprochable. Hoskendan s'assit sur le même sopha, & garda le silence. Saddiq qui n'avoit jamais vu tant de beauté, fut saisi d'étonnement ; mille mouvemens inconnus s'éleverent à la fois dans son cœur, mais le respect qu'il avoit pour celle qu'il croyoit être une de ces filles immortelles qui sont réservées pour faire les déli-

C ij

ces des vrais Croyans dans le Ciel,
en arrêtoit l'impétuofité. Les fou-
pirs de l'adroite Hoskendan ache-
verent de le confondre. Lorfqu'elle le vit affez animé pour fon
deffein, elle rompit le filence en
ces termes : »» Ne vous étonnez
»» point, vertueux Saddiq, de voir
»» une femme qui vous aime; j'ai
»» long-temps réfifté contre la
»» paffion qui me domine; mais
»» enfin ma vertu eft à bout: il
»» n'y a plus de bienféances qui
»» m'effraient, & la nuit que j'ai
»» choifie pour ma vifite n'eft qu'un
»» manteau dont j'ai tâché de cou-
»» vrir ma qualité «. Chere ame
de ma vie; interrompit Saddiq,
que ne puis-je vous exprimer ce
qui fe paffe dans mon ame! Defi-
rez, il n'eft rien que je ne faffe
pour vous montrer la vivacité du
feu qui me dévore. »» Mon def-
»» fein, reprit Hoskendan, n'eft

» pas d'être rebelle à vos vœux, il
» me seroit difficile de vous rien
» refuser, l'amour me le défend ;
» mais aussi j'ose me flatter que
» pour prix du sacrifice que je
» vous fais, vous voudrez bien
» m'accorder la grace que j'ai à
» vous demander. Il m'a pris une
» envie de manger le cœur de la
» belle Haquenée du Roi ; cou-
» rez aux écuries, faites-la tuer,
» & nous passerons le reste de la
» nuit à nous divertir «. Charmante Houris, dit Saddiq effrayé,
demandez - moi plutôt ma vie ;
j'aime mon Maître, il me comble de bienfaits, comment pourrois je lui donner ce désagrément ;
d'ailleurs il ne manqueroit pas de
me punir, & le plaisir d'un moment me coûteroit infailliblement
la vie.

» Le sçaura-t-il, reprit Hof-
kendan ? Après tout, s'il le de-

» mande, vous lui direz que vous
» l'avez trouvée malade sans es-
» pérance de guérison, & qu'en
» conséquence vous l'avez fait
» tuer ; il vous connoît ami de la
» vérité, il se gardera bien de vous
» soupçonner de mensonge.

A quelle dure épreuve mettez-
vous mon amour, repartit Saddiq ! Cette Haquenée est l'unique
qui plaise au Roi. Attendez à de-
main, j'acheterai le plus beau
cheval & le plus gras du pays,
notre joie sera sans mélange de
crainte, nous jouirons des plaisirs
les plus parfaits.

» O mon Roi, reprit Hosken-
» dan en se jettant dans ses bras,
» qu'il est difficile à une femme
» de se désister de ce qu'elle de-
» sire ; contentez - moi, & pour
» cette faveur je vous promets de
» vous aimer toute ma vie «. A
ces mots Saddiq hésita, un coup

d'œil acheva de le déterminer. Il
vole à l'écurie, fait tuer la Haquenée, en prépare le cœur, &
passe le reste de la nuit entre les
bras de la fille du Vizir. Le jour
les sépara ; Hoskendan courut an-
noncer à son pere l'effet de sa méchanceté. Le Vizir content ne
perdit pas de temps ; il alla auffi-
tôt faire au Roi le récit de cette
aventure ; mais il se garda bien de
dire que sa fille étoit la cause du
crime de son Ecuyer.

Tandis que Vangriburdi & le
reste des Courtisans rioient au-
dedans d'eux-mêmes de voir leur
ennemi en bute à leur malice, le
pauvre Saddiq étoit seul abandonné aux réfléxions les plus ameres.
Que les hommes font foibles, di-
soit-il, de ne pouvoir résister aux
dangereux attraits d'un plaisir paf-
sager ! Que répondrai-je au bon
Toglatimur, lorsqu'il me deman-
Civ

dera sa Haquenée ? Si je déguise la vérité, j'épargnerai peut-être ma vie pour quelques jours ; mes ennemis découvriront la fausseté de mon excuse, & une mort honteuse sera le fruit de mon mensonge ? Si je dis vrai, le Roi ne manquera pas d'être fâché, mais peut-être aussi pourrai-je le toucher par la sincérité de mon repentir. De quelque côté que je me tourne, la mort ne sçauroit m'échapper ; il vaut donc mieux dire la vérité, que d'ajouter à mon crime la honte d'avoir menti. Comme il étoit dans cette perplexité, le Roi le fit appeller. Il se rendit en tremblant dans la Salle où le Roi & tous les Courtisans l'attendoient.

Saddiq, dit Toglatimur, faites préparer ma belle Haquenée, je veux aller à la chasse.

Grand Prince, répondit Saddiq en se jettant aux genoux du Roi, elle n'est plus. J'étois tranquille cette nuit chez moi, une jeune Beauté m'est venu trouver: mille charmes ravissans qu'elle étaloit à ma vue m'ont saisi d'admiration; j'ai desiré d'en jouir, elle ne s'est pas éloignée de me satisfaire, pourvu que je voulusse lui donner le cœur de votre Haquenée. Quelque violens que fussent mes desirs, je le lui ai refusé d'abord; mais ses prieres & ses caresses sont devenues si pressantes, que je n'ai plus été le maître de moi-même, j'ai tout accordé. Mon crime est affreux, je l'avoue, aussi me garderai-je bien de l'excuser; je sçais qu'il mérite la mort; voilà mon sabre & ma tête, punissez-moi de mon ingratitude.

Le Roi touché de la situation de Saddiq, demanda à tous ceux qui l'environnoient de quel sup-

C v

plice ils penſoient qu'on dût punir
un crime de cette nature. Quelques-uns imaginerent des tortures
nouvelles, & les plus modérés o-
pinerent à ce qu'il fût brûlé à petit feu. Toglatimur qui reconnut
que l'animoſité avoit plus de part
à leur Jugement, que de zele pour
ſa Perſonne, ſe tourna vers Saddiq, & lui dit : » Ta ſincérité
» m'étonne, & je me garderai
» bien de punir une foibleſſe à la-
» quelle tous les hommes ſont ſu-
» jets ; ſi j'euſſe été à ta place,
» peut-être n'euſſé-je pas donné
» ſeulement la Haquenée, mais
» encore tous les chevaux confiés
» à ta garde : je te pardonne, &
» ſuis ſi content de l'aveu ſincere
» que tu m'as fait, que je veux
» que le Vizir te conduiſe ſur un
» char magnifique, & te montre
» à mon Peuple comme un exem-
» ple digne d'admiration qu'il ſe-

>> roit à souhaiter que tout le mon-
>> de voulût suivre «. Les Courti-
sans applaudirent, la larme à l'œil,
à l'équité du Roi. Saddiq rentra en
grace. Le Vizir, outré de dépit
d'avoir été la cause du déshonneur
de sa fille, ne put supporter l'idée
de servir de trophée au triomphe
de son ennemi, il s'étrangla lui-
même. Saddiq lui succéda. Les
Peuples furent heureux sous le regne de Toglatimur - Can. Comment ne l'eussent-ils pas été ? la
justice & la vérité étoient à leur
tête. Je suis, &c.

LETTRE VIII.

A M. HERVEY,

Conseiller au Parlement de Grenoble.

Heu quàm difficile est crimen non prodere vultu!
Ovid. Metam. L. 2.

Ah, qu'il est malaisé qu'où la honte nous
presse,
Le trouble du dedans au dehors ne paroisse!
Thom. Corn.

MONSIEUR,

Je suis étonné qu'étant aussi con-
noisseur que vous l'êtes, vous don-
niez tête baissée dans les préjugés
du Peuple, qui croit que l'art qui
nous fait lire sur l'extérieur d'un

homme ce qui se passe au dedans de son ame, soit une imposture inventée pour tromper la crédulité ignorante de nos peres. Vous dites que Devins & Physionomistes sont chez vous sur le même pied, & que vous n'avez pas plus de confiance en eux, qu'aux Astrologues & aux Chiromanciens; j'espere que vous reviendrez bientôt de cette erreur, lorsque vous aurez approfondi avec moi les principes fondamentaux qui constituent l'art du Physionomiste. Je pourrois vous rapporter plusieurs effets de cette connoissance; mais comme je sçais que les autorités ne vous touchent point, je tâcherai de vous donner des raisons assez plausibles & assez fortes pour vous convaincre.

Le grand & presque incroyable fruit de ce talent merveilleux est de découvrir les passions, les vertus, & les affections qui ont coutume de mouvoir l'homme, dans le temps même où elles semblent être assoupies sous les replis les plus cachés de son cœur ; c'est de connoître un méchant, quoiqu'il couvre d'une bonté apparente la perversité de ses desseins ; un voleur, quoiqu'il détourne la vue de dessus l'objet qui excite sa concupiscence ; un Avare, malgré la prodigalité qu'il affecte : enfin c'est par ce seul moyen que l'on peut être en sûreté dans le monde contre les différens attentats que la malice des hommes peut projetter. Mais venons au point que je me suis proposé, & voyons comment il est possible d'acquérir une connoissance si nécessaire.

Tout le monde sçait que le cœur est le siege des vices & des vertus ; les Anatomistes nous assurent que les muscles du visage ont une liaison étroite avec ceux du cœur; il est donc impossible que lorsque ce dernier est agité par les affections, bonnes ou mauvaises, des maîtres puissans qu'il contient, il ne paroisse sur le visage une espece de configuration dans les traits, que l'on connoît communément sous le nom d'*expression*. Ce sont ces mouvemens de l'ame qui constituent l'Art des Peintres & des Statuaires ; c'est par l'étude qu'ils font de la forme que prennent ces muscles émus , & par l'habitude qu'ils ont de copier ces images vivantes , qu'ils produisent cette agréable illusion qui nous porte à imaginer , que cette disposition de traits est l'effet d'un mouvement qui leur est communiqué par une ame pensante; quoique ce ne soit que le résultat de leur science dans l'art d'imiter.

L'expérience nous apprend que

les mufcles du corps humain deviennent plus forts, à proportion
de l'exercice qu'on leur donne ;
ceux du vifage, que j'ai dit avoir
une connexion néceffaire avec le
cœur, feront-ils diftingués? Non :
celui d'entr'eux qui fe trouvera
plus fouvent ému que les autres,
croîtra à proportion, & portera
des caracteres diftinctifs de la caufe primitive de fon mouvement,
qu'il fera facile de découvrir au
premier coup d'œil ; ainfi on pourra aifément diftinguer un avare, un
fot, un débauché.

Peut-être, me direz-vous, que
comme nous ne nous faifons pas
nous-mêmes, nous ne fommes pas
tenus à répondre de notre extérieur ; une telle objection ne peut
être que le fruit de votre bonté
naturelle ; mais faites-moi la grace
d'obferver la différence qu'il y a
entre la beauté, & cet *ingenuus*

vultus, que Cicéron dit être la meilleure recommandation qu'un homme puisse apporter avec lui ; l'un est un don de la nature, qui, comme disent les Philosophes, n'a aucune valeur intrinsèque ; l'autre, dont il est plus aisé de dire l'effet que la cause, est ce *certain je ne sçais quoi* qui nous force à dire, Il n'est pas beau, mais il est agréable. Tout le monde peut acquérir ce dernier, non pas en étudiant devant un miroir des mines riantes, & les dehors d'une complaisance affectée, mais en rectifiant son cœur, & en l'ornant de sentimens nobles & généreux ; l'extérieur alors devenu serein, la vertu qu'il exhale obtiendra sans peine les suffrages de tout observateur judicieux.

Je pourrois vous rapporter nombre d'exemples des défauts que des dehors avantageux cachent tous les jours dans des personnes de votre connoissance ; mais il me suffit de vous avoir démontré la possibilité qu'il y a de les reconnoître, & l'utilité de cette connoissance. Comme je suis persuadé que vous ne manquerez pas de vousappliquer à cette étude, je souhaite seulement que le premier essai que vous en ferez, soit pour discerner la sincérité avec laquelle je suis, &c.

LETTRE IX.

A S. A. R. LE DUC

DE CUMBERLAND.

Hoc Reges habent
Magnificum & ingens, nulla quod rapiet dies,
Prodesse miseris, supplices fido lare
Protegere.   Senec. in Medeâ.

J'admire un Roi victorieux,
Que sa valeur conduit triomphant en tous
        lieux:
Mais un Roi sage & qui hait l'injustice,
Qui sous la loi du Riche impérieux
Ne souffre pas que le Pauvre gémisse,
Est le plus beau présent des Dieux.
                    Racin. Esther.

MONSEIGNEUR,

Quoique les Peuples regardent
les Rois comme des Dieux, ils
font ce que nous sommes; la seule

vertu les rapproche de la Divinité ; c'eſt elle qui tient les Peuples unis, & les Nations en paix.
Vient-elle à s'affoiblir dans le cœur
du Prince ou des Sujets, la divi-
ſion ſe mêle parmi eux, tout eſt en
déſordre ; la Vengeance céleſte eſt
obligée de tonner pour ſe faire entendre.

Les affections de la multitude
peuvent être comparées à celles
des enfans ; elles ſont vagues, ſou-
ples, aiſées à gagner, faciles à
perdre ; attentifs ſur ceux qui leur
font du bien, ils les aiment, juſqu'à ce que l'interruption de ces
bienfaits ramene l'indifférence ;
s'ils ſont fâchés, ils reviennent aiſément de leur colere, pourvu
qu'ils ne ſoient pas épouvantés &
endurcis par la rudeſſe, & par
une ſuite de mauvais traitemens.
Toutes les fois que l'on verra du-
rer long-temps quelque animoſi-

é parmi les Peuples en général, c'est un signe certain que celui qui est à leur tête, n'a ni assez de connoissance de leur tempérament, ni assez d'adresse pour les ménager, ni assez de vertu pour les conduire.

Le Peuple du monde le plus doux, le plus généreux, & doué des qualités les plus éminentes, peut tomber dans une violente animosité contre ceux qui prennent le soin de diriger & d'adoucir les penchans. Trop peu Philosophe pour reconnoître la vertu dans le lointain, il ne sçauroit distinguer le prix d'un bien dont il ne sent aucun effet, quoiqu'il connoisse fort bien le sujet qui le chagrine. Ce n'est donc pas assez pour le Chef de sentir ce qui occasionne le mal dans le Corps qu'il conduit, il doit le prévenir.

Sans un concours réciproque

d'affeétions entre le Prince & les
Sujets, il ne peut y avoir de bonheur : leur union eft comme une
efpece de mariage, les commencemens font ardens, toutes leurs
aétions tendent au bien mutuel;
ils pourroient fe maintenir dans
cet état heureux par une fuite conftante de complaifances & d'at-
tentions; mais trop fouvent la froi-
deur s'empare de l'un des Partis;
leurs intérêts fe divifent, leur a-
mitié s'évanouit : on murmure,
on fe plaint, on projette, l'orage
fe forme, il creve ; l'inondation,
auffi funefte aux uns qu'aux autres, caufe des maux irréparables.

Lorfqu'un Souverain monte fur
le Trône, & prend en main le
timon d'un Etat, il faut qu'il fe
connoiffe lui-même ; fa feconde
occupation doit être la connoiffance de ceux qu'il va gouverner;

c'eſt un pere qui doit veiller ſur un grand nombre d'enfans ; la douceur & les bienfaits les attirent, la violence les rebute, l'amour-propre lui dit qu'il faut être aimé: c'eſt à lui à choiſir les moyens d'y parvenir.

L'affabilité eſt un des premiers qui ait des droits invincibles ſur les cœurs de la multitude, qui juge de la bonté de l'ame ſur la ſérénité des dehors : elle conſent à perdre une partie de ſa liberté, de ſes plaiſirs, de ſes biens, pour être ſagement gouvernée : pourquoi, en vertu de ſi grands ſacrifices, n'auroit-elle pas droit d'exiger de bons traitemens ? La vertu ſans douceur devient dure & fâcheuſe ; elle n'eſt propre qu'à oppoſer à des ennemis, les amis s'en effraient.

La généroſité eſt encore un des puiſſans mobiles de l'affection des

Peuples ; ce que fait la rosée sur les fleurs, qu'un soleil ardent dessécheroit en un instant, la générosité du Prince le fait sur le cœur de ses Sujets : je ne veux pas ici parler de cette générosité qui consiste à donner, il ne faut qu'être homme pour la posséder ; les vertus des Rois sont autres que celles du commun. Un Peuple abattu par les dépenses excessives d'une guerre longue & pénible, regarde comme un excès de générosité de la part du Souverain, lorsqu'il veut en diminuer les charges. L'emploi utile qu'il sçait faire des trésors dont il est dépositaire, augmente la confiance & le couvre de gloire. Un Pilote habile se garde bien de vouloir rompre les flots sur lesquels sa foible barque navigue, ce seroit courir à un naufrage certain ; au contraire il se prête aux différens mouvemens

des

des lames, redouble d'attention
pour la foulager ; il la fauve des
fureurs de la Mer, & la conduit
au Port.

Le poids de la Couronne est
quelquefois si fatiguant, qu'il est
besoin d'un Ministre pour en alléger la charge ; c'est au Souverain
éclairé à faire un choix digne de
lui ; *vicem gerit ille Tonantis.*
Comme il représente la Majesté
Royale dans les fonctions qui lui
sont confiées, il doit avoir les
mêmes qualités & les mêmes vertus ; autrement le Prince doit s'attendre à voir rejaillir sur lui-même toute la haine que l'on porte
à son Ministre ; ses oreilles ne seront frappées que de plaintes ameres ; son Trône sera environné de
misérables, il y sera malheureux
lui-même. Il est impossible qu'un
Souverain puisse être tranquille à
la tête d'un Peuple fatigué par la

D

tyrannie d'un Miniſtre barbare.

Si au contraire cet homme que le Roi honore, eſt au - deſſus de toute conſidération particuliere ; s'il eſt à la fois Citoyen & Philo-ſophe, ſes conſeils ne ſeront fon-dés que ſur la juſtice ; il ne par-lera que pour dire la vérité, l'hon-nêtété ſera le ſeul mobile de ſes actions ; également attaché au Sou-verain & au Peuple, il punira, comme traître quiconque s'effor-cera de diviſer leurs intérêts. La cabale des Courtiſans n'aura rien qui l'épouvante ; ſa conſcience é-tant ſans remords, il ſera tranquil-le ; l'intégrité & la ſageſſe ſont la baſe de ſa grandeur, il a bâti ſur un roc qui ne peut être agité par les vents, & que les eaux ne peu-vent miner ; s'il tombe, ce ſera dans les bras du Peuple, ſa diſgra-ce fera ſa gloire.

L'illuſtre Reine Eliſabeth, que

chaque Anglois regrette encore aujourd'hui comme sa mere, sentit toute l'utilité des devoirs dont nous venons de parler; elle avoit coutume de dire, que l'amour des Peuples étoit le plus ferme appui des Trônes; aussi n'omit-elle rien pour l'acquérir. Affable à tout le monde, l'étranger comme le citoyen pouvoient également implorer son secours, ils étoient sûrs de l'obtenir.

Elle se garda bien de remettre à des mains étrangeres le soin des trésors que son Peuple lui confioit annuellement; elle vit que ces richesses ne lui étoient données que comme un fonds qui devoit retourner à la source d'où il étoit sorti; elle les employoit à établir des Manufactures, bâtir des Hôpitaux, agrandir le commerce de sa Nation. Intimement persuadée que les coffres des

Rois ne pouvoient regorger, que
ceux des Particuliers ne tombaf-
fent en confomption, on la vit
fouvent refufer les fubfides ordinaires, lorfque le befoin de l'E-
tat n'en requieroit pas néceffairement la collection. Sans faire la
dépenfe exceffive d'entretenir une
armée, avoit-elle befoin de Soldats, chaque Breton fe difputoit
l'avantage d'être le premier ran-
gé fous fes étendards glorieux.
Les befoins de l'Etat requieroient-
ils l'armement d'une Flotte, il é-
toit fait par les Particuliers avec
toute la diligence & le foin pof-
fibles. Sous le Regne d'Elifabeth
les Peuples furent heureux, les
larmes dont ils arrofent fa cen-
dre, font le trophée le plus magnifique qu'ils puiffent ériger à fa
gloire.

Dans le même temps qu'Elifabeth faifoit éclater fa fageffe fur

le Trône d'Angleterre, un Héros vertueux régnoit sur la France. Des Sujets rebelles lui avoient refusé la Couronne ; il eût pu les vaincre ; il aima mieux les ramener à lui par l'attrait de ses vertus. Avec des armes si puissantes il n'eut pas de peine à les subjuguer ; devenus ses Sujets fideles, il fut leur pere, & ne s'occupa plus que des moyens de faire leur bonheur. Souverain, honnête homme, d'une génie sublime, & digne de régner, il eût poussé plus loin l'exemple qu'il devoit donner aux Rois, si l'abominable cortege de l'envie & de la scélératesse n'eût produit un Monstre dont la main parricide priva la terre du plus beau de ses ornemens. Si quelqu'un refuse des larmes à sa mémoire, la nature lui a refusé un cœur sensible.

D iij

LETTRE X.

A M. FIOT DE LA MARCHE,

Premier Préſident au Parlement de Dijon.

Qui aut quid tempus poſtulet non videt, aut plura loquitur, aut ſe oſtentat, aut eorum quibuſcum eſt rationem non habet, is ineptus eſſe dicitur.   Tull.

Celui qui ne voit pas ce que les circonſtances exigent, qui parle trop, ou trop avantageuſement de lui-méme, ſans égard pour ceux avec qui il eſt, eſt un ſot.

MONSIEUR,

Vous me demandez ce que c'eſt que l'eſprit ; je veux bien vous ſatisfaire ; mais auſſi ſi je viens à m'égarer, ainſi que tant d'autres qui ont tenté de le définir, que mon obéiſſance me tienne lieu d'excuſe.

L'eſprit eſt une qualité que tout le monde ambitionne, & que peu de gens poſſedent. Grand nombre croient en jouir, peu ſçavent le ménager avec diſcrétion. Les jeunes gens ſur-tout affectent d'en avoir, les fous le craignent, les ſots l'abhorrent. Dans quelques-uns, c'eſt un parfum gracieux qui flatte quiconque les approche, dans d'autres c'eſt un poiſon mortel. L'homme qui a le plus d'eſprit, n'eſt pas toujours exempt d'erreurs ; & celui qui en a le moins, a ſouvent d'autres qualités qui méritent des louanges.

L'eſprit pour l'ordinaire dépend de notre complexion ; on l'orne par l'étude, l'art ne ſçauroit en donner. Lorſqu'il eſt ac-

compagné de jugement, il est
l'effet d'une heureuse imagination
& d'une étude réfléchie ; s'il manque de justesse, les objets ne se
présentent qu'à demi, ou se mul-
tiplient avec tant de confusion,
qu'on peut à peine en distinguer
la vérité. La science & la gaieté
font ses principaux ornemens ; sans
science, ses productions sont froi-
des ; sans gaieté, il devient rude,
souvent il offense.

Il ne faut pas croire que l'esprit
doive être employé à tout propos ;
avec toutes les bonnes qualités
possibles, il ne laisse pas de dé-
plaire quelquefois ; c'est à la sagesse
à en marquer l'emploi, elle doit en
modérer les effets.

Affecter de l'esprit à tout propos, c'est se prodiguer, c'est s'exposer à la censure. Quoique tout
le monde n'ait pas le talent de la
satyre, il y en a bien peu qui ne

connoiſſent ce qui eſt ridicule , &
rien ne l'eſt plus qu'un homme qui
veut jouer le ſpirituel partout & en
toute occaſion.

Plus aloës quàm mellis habet.
Juv. Sat. 6.

L'avantage ordinaire d'un homme d'eſprit , eſt de faire le bonheur des autres. A peine paroît-il
dans les cercles de ſes amis , qu'un
air de ſatisfaction ſe répand ſur
tous les viſages ; c'eſt une eſpece
de demi - Dieu , dont les plaiſirs
forment la cour ; on l'admire : il
ne cherche à l'emporter ſur perſonne , au contraire il ſe plie à la
portée de chacun ; l'eſprit eſt
en ſes mains un inſtrument gracieux , qu'il éleve & adoucit au
beſoin , pour maintenir l'harmonie & la paix. S'il raille , c'eſt
avec ménagement ; s'il reprend ,
c'eſt avec douceur : l'enjouement

D v

& la complaisance sont l'ornement de sa conversation ; les momens qu'on passe en sa compagnie
sont délicieux.

Je suis, &c.

LETTRE XI.

A M. LE MARQUIS DE CROSBY.

Totus mundus agit histrionem.

Chacun ici-bas joue son rôle.

MONSIEUR,

L'ambition est le désir de s'élever au-dessus des autres : il devient plus intéressant à proportion du dégré d'élévation où il se porte. Le concours des Grands pour obtenir la direction des affaires de l'Etat, ou le commandement des Armées, est ce que nous appellerons *ambition sérieuse* : l'autre,

D vj

qui ne regarde que la vie commune , eſt tout-à fait comique ;
cette derniere eſpece s'étend à l'infini , chacun a la ſienne ; c'eſt , je
crois, ce que le Juvenal de la France
vouloit exprimer lorſqu'il dit :

> Tous les hommes ſont fous , & malgré tous
> leurs ſoins ,
> Ne different entr'eux que du plus ou du
> moins.

Chaque Pays d'abord a ſon ambition , ou ſa folie favorite , qui
ſemblent être annexées au climat.
L'Italien veut ſe faire admirer
par ſes pompeux édifices, le François par la richeſſe de ſes habits ;
le Polonois exalte ſes équipages
brillans, l'Allemand ſes vaſtes cel-
liers , le pareſſeux Eſpagnol croit
l'emporter ſur tous , lorſqu'il a
produit quelques vieux parche-
mins qui montrent l'ancienneté de
ſa Nobleſſe ; un Anglois , charmé

du titre de Patriote, ne croira l'avoir mérité que lorsqu'il aura bu à la santé de toutes les Têtes politiques du Royaume. Si son Adversaire est aussi flatté de l'éclat de la gloire, que du goût de la liqueur, leur ambition ne sera satisfaite, que lorsque l'ame de l'un ou de l'autre ne trouvant plus de réduit sec, sera obligée de les abandonner.

J'ai été moi-même témoin d'une aventure de cette espece, pendant mon séjour à Oxford. Deux jeunes Etudians étoient devenus éperduement amoureux d'une même beauté ; l'un & l'autre avoient fait leur déclaration, & avoient été également bien reçus ; jaloux au dernier point, ils résolurent de finir la querelle dans un repas où le pere de la fille les avoit conviés. Après avoir porté les différentes santés politiques, qui font d'ufage dans la Grande-Bretagne , ils en porterent une douzaine à l'envi l'un de l'autre à la fanté de *Miff-Molly* , c'étoit le nom de la fille ; croyant n'avoir pas affez fait, l'un d'eux mit dans fon verre une grande cuillerée de fuie , & l'avala après avoir crié : *io triomphe & Miff - Molly*. La compagnie applaudiffoit , lorfque l'autre , piqué d'une action auffi hardie , prit une fiole d'encre qui fe trouva fur la cheminée à côté de lui , en remplit fon verre , l'avala , & mourut entre les bras de Miff-Molly , qui les regarda comme deux infenfés qu'elle auroit été très - fâchée d'avoir pour époux.

Il y a une autre efpece d'ambition , qui prend fa fource dans l'humilité. Un Quacre orgueilleux fous un maintien modefte , méprife hautement le luxe des

Gens de Cour, & ce même mépris contient en soi plus de suffi-
sance que l'ostentation la plus a-
vérée.

Est-ce autre chose que l'ambition qui dirige cet essain folâtre
dont les Capitales sont remplies ;
ces êtres de raison, qu'on appelle
Petits-Maîtres, joutent ensemble
à qui aura le plus de caprices, &
fera le plus de folie ; plus ils acquierent de ridicule, plus leur a-
mour - propre est satisfait. Le gros
bon sens qu'ils disent courir les
rues , parce qu'ils le heurtent à
chaque pas, est le lot du Peuple à
leur avis ; au mien, c'est l'ambition
du sage.

Les femmes ont aussi leur ambition particuliere ; les unes la font
consister dans la beauté, les autres dans la science du ménage,
d'autres dans la dévotion ; l'excès
seul entraîne avec soi un ridicule

infupportable. La premiere devient une coquette, l'autre fait de
la femme de diftinction une ména-
gere entendue, la troifieme fe fait
une douce habitude d'une hypocrifie étudiée.

Il en eft un petit nombre qui
bornent leur ambition à des actes
de générofité envers les Pauvres;
plût à Dieu qu'elle fût univerfel-
lement obfervée! c'eft la feule qui
marque la dignité de la nature
humaine; elle indique dans ceux
qui la poffedent la connoiffance
du don précieux de la raifon, dont
le Créateur nous a tous abondamment comblés, & dont plufieurs font un ufage fi contraire à
fes vues.

L'ambition enfin eft l'apanage
de l'humani é, & l'état le plus
bas, comme le plus relevé, y eft
fujet; celle des Grands intéreffe,
tout le monde, fouvent même on

n'en sent que trop les effets ; je
me garderai donc bien de renou-
veller des plaies peut-être encore
récentes, & me contenterai d'en
rapporter un exemple de l'autre
espece.

Charles-Quint, dans l'interval-
le de ses délassemens, avoit coutume de se retirer à Bruxelles.
Son plaisir le plus sensible étoit de
connoître ce que pensoient ses
plus vils Sujets sur sa conduite particuliere, & celle qu'il tenoit dans
le Gouvernement. En conséquence il se déguisoit, & se mêloit
parmi les compagnies où il ju-
geoit pouvoir le plus se satisfaire.
Il arriva un soir que sa botte se
déchira de façon à avoir besoin
d'être racommodée sur le champ;
il entra pour cet effet dans la Bou-
tique d'un Savetier. Comme c'é-
toit la Fête de Saint Crespin dont
l'Empereur ignoroit la solemnité,

il fût fort étonné, au lieu de trouver le Maître à l'ouvrage, de le
voir à table parmi ses amis, chan-
tans & buvans à longs traits; il
dit cependant la raison qui l'ame-
noit, & promit une récompense
honnête. » Ma foi, l'Ami, répon-
» dit le Savetier, il faut avouer
» que vous êtes bien mal-avisé
» de venir proposer à travailler à
» aucun de notre Profession un
» jour de Saint Crespin; fût-ce
» pour Charles-Quint lui-même,
» je ne coudrois pas un point au-
» jourd'hui : approchez-vous &
» buvez un coup ; quand j'ai cet-
» te petite goutte, je suis mor-
» bleu content comme un Em-
» pereur «. Charles-Quint reçut
avec plaisir les offres du Savetier,
& s'affit ; la compagnie continua
ses plaisirs.

Charles les considéroit avec envie, lorsque le Savetier lui pre-

nant la main : » Hé bien, Cama-
» rade, lui dit-il, vous avez l'air
» rêveur : on vous prendroit pour
» un Courtisan ou pour un Poli-
» tique ; puis se tournant du côté
» de son voisin, Ne diroit-on pas
» avec son grand nez qu'il seroit
» un des bâtards de Charles-
» Quint ; qu'il le soit, ou non,
» buvons à la santé du pere. Vous
» l'aimez donc, reprit l'Empe-
» reur ? Si je l'aime ? dit le Save-
» tier ; oui je l'aime, & son grand
» nez me plaît ; mais je lui don-
» nerois ma vie, s'il vouloit un
» peu diminuer les impôts : après
» tout, au diable la Politique, les
» verres sont remplis, buvons &
» réjouissons-nous.

Après quelque temps le Prince
se leva, & remercia son hôte.
» C'est, parbleu, de tout mon
» cœur, répondit le Savetier ;
» mais, je vous l'ai déja dit, je

» ne déshonorerois pas un jour
» de Saint Crespin, quand il s'a-
» giroit de travailler pour l'Em-
» pereur.

Charles-Quint fort content de
l'honnêteté & de la bonne humeur du Savetier, le fit appeller
le lendemain. Il est aisé de juger quelles furent la surprise &
la crainte du pauvre Artisan,
lorsqu'on lui dit que celui pour
qui il avoit refusé de travailler la
veille, étoit l'Empereur ; il ne
s'attendoit à rien moins qu'à la
mort pour avoir plaisanté sur son
grand nez.

Charles - Quint qui, comme
je l'ai déja dit, avoit été enchanté de son enjouement, le remercia dans les termes les plus
obligeans ; & pour le récompen-
ser, lui permit de faire une demande, qu'il promit d'accorder ; il lui laissa la nuit pour y

réfléchir, & se remettre de sa peur.

Je ne m'amuserai pas ici à rapporter les différentes réflexions que fit le Savetier pendant cette nuit fortunée ; je me contenterai de dire que l'ambition l'emporta sur toutes, & que le lendemain il demanda en grace à l'Empereur, qu'il lui plût d'ordonner que tous les Savetiers eussent désormais pour Enseigne une botte couronnée. Cette demande parut si modeste à Charles-Quint, qu'il lui permit d'en faire une seconde.

Mon plus grand desir, dit alors l'ambitieux Savetier, seroit que notre Corps eût le pas sur les Cordonniers.

L'Empereur accorda l'une & l'autre de ses demandes, & récompensa son Bienfaicteur, de fa-

çon à le rendre heureux , sans le
tirer de son état.

    Je suis, &c.

LETTRE XII.

A M. DE VOLTAIRE.

Experientia rerum Magistra.

MONSIEUR,

La divine Providence, dites-vous dans la derniere dont vous m'avez honoré, parmi les faveurs infinies dont elle a comblé tous les hommes, a accordé à chacun une égale portion d'intelligence qui nous rend tous capables des mêmes choses. Les uns, ajoutez-vous, travaillent affiduement, & n'ometent rien pour augmenter ce précieux tréfor qui leur a été confié, tandis que les autres reftent dans l'inaction, & le laiffent

dépérir ; ce qui fait la différence
qui paroît entre les uns & les autres. Un pareil sentiment ne peut
être que l'effet de votre modestie ; vous ne voudriez pas qu'on
s'imaginât que la brillante réputation dont vous jouissez à si juste
titre , vient de la supériorité &
de l'excellence de votre génie ,
mais que vous la devez seulement
à votre application & votre assi-
duité au travail.

Quelque démenti que semble
être cette opinion, par l'expérience de chaque homme en particulier, le respect qu'ont coutume
d'inspirer les grands hommes , me
contraindroit au silence , si elle
ne contenoit pas des réflexions un
peu trop sévères contre la partie
ignorante de la Société. Ce n'est
cependant pas que je prétende
donner mon sentiment comme
infaillible ; je connois ma foiblesse ;

blesse, & suis prêt à m'en désister lorsque vous voudrez prendre
la peine de me convaincre d'erreur.

La capacité de plusieurs génies
peut être étendue & embellie, je
l'avoue. Une étude assidue, jointe à l'habitude de combiner plusieurs idées sans les confondre,
peut contribuer beaucoup à cette
amélioration. Il ne faut, pour s'en
convaincre, que considérer les
peines que nous sommes obligés
de prendre pour nous familiari-
ser avec certaines choses que nous
ne connoissions pas auparavant.
Quel homme, par exemple, n'est
pas effrayé à la vue d'une division
arithmétique ? l'inquiétante com-
paraison du dividende avec le
diviseur, la connexion d'une infinité de propositions, sous un plus
grand nombre d'opérations, lui
donnent une haute idée de la ca-

E

pacité du Maître ; il s'étonne lorfqu'il le voit d'un feul coup d'œil
venir à bout de réfoudre des difficultés fi monftrueufes. Après
quelque temps vient-il à les entendre, la matiere lui paroît fim-
ple & claire, il fe veut du mal
à lui-même de n'avoir pu les fai-
fir du premier abord. Combien
en eft-il qui ne peuvent faire au-
cuns progrès, quelques efforts
qu'ils emploient pour y parvenir !

On voit tous les jours dans le
monde des gens affez malheureux pour ne pouvoir diftinguer
les rapports de deux idées relati-
ves, à moins qu'ils ne tombent
fur des fujets où l'expérience les
éclaire ; autrement ils ne fçau-
roient difcerner un raifonnement
jufte, d'avec une abfurdité nota-
ble : d'autres heureufement partagés du côté de l'intelligence

sentent à la premiere vue la différence de deux contraires , &
sans beaucoup de réflexions sont
en état d'embrasser un long tissu
de propositions, sans se troubler,
sans même les confondre.

Je ne veux cependant pas dire
qu'il n'y ait pas de milieu entre
ces deux extrémités , & que tout
homme doive être ou ignorant, ou
Philosophe ; il y en a quelques-
uns parmi ceux qui ne sont pas
tout-à-fait incapables de combi-
naisons , qui font plus de progrès
que les autres , mais qui ne peuvent parvenir à ce degré de perfection , que certains atteignent
avec tant de facilité. Ils sentiront
aisément la liaison de plusieurs
propositions , ils en démêleront
avec un peu de peine les rapports ; mais si dans la déduction
des conséquences il se rencontre
quelque chose de trop étendu , ils

s'aveuglent sur la difficulté, & se perdent dans leurs propres idées.

Pourquoi n'y auroit-il pas autant de différence dans l'intellecte des hommes, qu'il y en a dans leurs inclinations & dans leurs visages ? Il est vrai qu'il y a plusieurs raisons de cette derniere variété ; l'amour & la haine y contribuent pour quelque chose, mais la principale cause est le désordre inévitable qui accompagneroit une pareille ressemblance. On ne pourroit plus alors reconnoître ses propriétés ; l'innocent seroit pris pour le coupable, le fils pour le pere, la sœur pour l'épouse ; le monde ne seroit plus qu'un amas effrayant de confusion & d'horreur.

Il est aussi vraisemblable que la suprême Sagesse, à qui tous les effets sont connus avant l'existence même des caufes, ait prévu les pernicieufes conféquences qui devoient néceffairement fuivre l'uniformité d'intelligence parmi les hommes : les points les plus difficiles & les plus abftraits de chaque fcience, feroient devenus l'objet de l'attention générale, & celles qui, quoique aifées en elles-mêmes, ne font pas moins utiles à la Société, auroient été regardées comme indignes de la moindre application.

Lorfque nous voyons au contraire les hommes s'adonner chacun à ce qui lui eft propre, les uns s'appliquer à l'étude de la Théologie, les autres aux Méchaniques, d'autres à l'Agriculture, & à un nombre infinis d'Arts utiles, il eft aifé de reconnoître que le doigt qui les

guide, est celui du souverain Auteur de leur être.

Je suis, &c.

LETTRE XIII.

M. LE COMTE

D'HARRINGTON,

A L'AUTEUR.

MONSIEUR,

Je vous suis obligé de la petite méchanceté que vous m'é-
crivîtes il y a quelque temps. Il
faut cependant un peu ménager
ses amis ; si quelques Grands abu-
sent de leurs titres & de leurs
richesses , je ne suis point du
tout dans le dessein d'en faire autant. Je pense que l'éclat du rang
où il a plu à la Providence de

E v

nous placer, ne doit pas nous
éblouir au point de ne plus reconnoître la qualité d'hommes
qu'elle nous a laissée, & que c'est
connoître tout le prix de cette
derniere, que d'employer les premiers avantages au bien de ses
semblables. Vous vous déclarez
trop ouvertement le serviteur de
mon coffre - fort, pour qu'il ne
soit pas tout à votre service à son
tour ; mais en récompense dai-
gnez m'instruire. Quelque longue
que soit cette Lettre, & quelque
difficile que soit la question que
je vous y propose, il n'est rien
que vous ne puissiez attendre de
ma reconnoissance, si vous voulez prendre la peine d'éclaircir
mes doutes sur ce qu'elle contient.

Plus on a réfléchi sur les traits
qui caractérisent les Souverains &
les Peuples d'Asie, plus on a de-

firé connoître comment le genre humain, né libre, amateur & jaloux à l'excès de fa liberté naturelle, furtout dans les fiécles primitifs, a pu totalement oublier fes droits, fes privileges, & perdre cette liberté qui fait tout le prix de fon exiftence. Quel motif a pu contraindre ou engager ces Eftres de raifon à fe rendre les inftrumens muets, & les objets infenfibles des caprices d'un feul de leurs femblables ? Comment, par un concert qui paroît unanime, ont-ils pu rejetter le don le plus beau, le plus grand, le plus cher qu'ils aient reçu de la nature, & renoncer à la dignité de l'état qu'ils tiennent de leur Créateur ? Dans tous les temps les Voyageurs, les Hiftoriens, & les Philofophes, ont déploré les malheurs de l'Afie ; mais quelques efforts qu'ils aient faits pour

Ev

en donner des raisons, & pour en découvrir la source, soit dans le moral, soit dans le physique de ces climats, ils semblent n'avoir produit que des fruits vagues de leur imagination, & avoir manqué des connoissances nécessaires pour la solution d'un problême aussi difficile qu'intéressant.

Quelques - uns ont pensé que pour parvenir aux causes primitives de cette dégradation du genre humain, il falloit remonter vers des siecles sauvages, où les hommes errants & timides se seroient soumis au plus fort, les uns de gré, les autres ensuite par la force. Ceux qui ont adopté ce sentiment semblent n'avoir point fait attention que c'est dans cet état de vie sauvage qu'une pareille révolution a dû le moins arriver, puisque c'est dans cet âge que le prix de la liberté a dû être

le plus connu, & le mieux senti :
elle étoit alors le seul bien du
genre humain ; comment auroit-
il pu s'en dépouiller ? Elle est encore l'unique trésor de l'Amérique, & pourroit-on nier que l'a-
mour que les Amériquains lui
portent, ne soit la raison pour laquelle les tonnerres Européens qui
les ont effrayés, ne les ont jamais
pu subjuguer ? Il est donc aussi
contraire à la raison qu'à l'expérience, de présumer que des Nations sauvages aient pu dans telle
occasion, & pour tel sujet que ce
puisse être, se soumettre avec une
religieuse imbécillité aux caprices
d'un seul. Il est encore bien moins
vraisemblable que ce genre de
gouvernement ait pu être établi
chez de tels Peuples par la force.
Quelles sont les voies & les armes
capables d'assujettir un homme
qui est libre de fuir, qui est dans

E vj

l'ufage d'errer d'un lieu dans un autre, & qui n'ayant que fa liberté à conferver, a tant de facilité de le faire ?

En vain tu pourfuis les Scythes, difoit leur Ambaffadeur au plus grand Conquérant du monde : je te défie de les atteindre ; notre pauvreté fera toujours plus agile que tes armées.

D'autres ont été chercher l'origine du Defpotifme chez des Peuples raifonnables & civilifés, que quelques ambitieux trop heureux auront foumis par des moyens violens , mais continus , & toujours foutenus de la terreur , qui aura fait naître l'efclavage, ou au moins qui en aura préparé le joug & l'habitude. L'Hiftoire fembleroit juftifier ce fyftême ; mais fi l'on y trouve quelques rapports avec les événemens arrivés depuis que ce cruel gouvernement eft

né , & qu'il a étendu ſes chaînes,
on ne peut néanmoins y voir qu'u-
ne fauſſe conjecture , ſi l'on eſſaie
de l'appliquer au Deſpotiſme primitif. Le premier homme qui a
tenté de ſoumettre ſes ſemblables, a dû chez des Peuples civi-
liſés , comme chez des Sauvages,
ſoulever tous les autres contre lui ;
avant la conquête il lui auroit fallu
une armée , qui n'eſt qu'une ſuite
de la conquête.

Le Gouvernement domeſtique
des premiers hommes a encore
été regardé par pluſieurs Politiques , comme le principe originel du Deſpotiſme. Un pere,
chef de ſa famille , en eſt , diſent-
ils , devenu le Roi & le Deſpote,
à meſure que cette famille s'eſt
étendue , & que ſes branches multipliées autour du tronc ont commencé à former un grand Peuple. Mais quand il ſeroit auſſi cer-

tain qu'il l'eſt peu, que le pouvoir des Peres, dans les premiers
âges, ait été un pouvoir abſolu
ſur leurs enfans, les enfans à leur
tour chefs de familles particulie-
res, euſſent eu ſans doute le même droit qu'avoit eu leur pere
commun à préſider chacun dans
leur habitation? En admettant ainſi
le droit paternel, comme la fource des autorités primitives, loin
d'en voir ſortir ces grandes Mo-
narchies & ces grandes Sociétés
régies par une même volonté, on
n'a dû voir qu'une multitude de
petits centres, & de cercles iſolés
les uns des autres, gouvernés ſé-
parément ſur le modele; mais
non ſous la Loi du cercle originel;
il eſt vrai que la ſource commune
a dû produire entr'eux quelques
liaiſons & quelques rapports; je
ſoupçonnerois volontiers que c'eſt
à cette liaiſon que quelques Ariſto-

cratiques par la suite des temps auront dû leur origine. Le pouvoir
paternel devenu composé, & comme indépendant de la Société par
le progrès des familles, a dû nécessairement y donner lieu ; mais
je ne sçaurois y découvrir la source
du pouvoir arbitraire & sans bornes. Comment d'ailleurs l'autorité
paternelle, qui reconnoît les Loix
de la nature, auroit-elle pu produire le Despotisme, qui n'en reconnoît point ?

LETTRE XIV.

SUITE DE LA LETTRE DE M. LE COMTE D'HARRINGTON, A L'AUTEUR.

MONSIEUR,

Plusieurs ont été chercher les causes sécretes du Gouvernement despotique dans les dispositions naturelles que les Peuples semblent avoir reçues de leurs climats, à connoître plus ou moins le prix de leur existence, & à être plus ou moins vifs & sensibles sur leurs intérêts. L'Histoire nous

montre l'Europe toujours brave,
toujours jalouſe de ſa liberté ; elle
nous fait voir au contraire l'Aſie
plongée dans tous les temps dans
l'indolence & la ſervitude ; il a
paru naturel d'attribuer aux climats des rapports auſſi conſtants
& auſſi ſuivis ; & l'uniformité du
caractere des diverſes Nations qui
ſe ſont ſuccédées de ſiecles en ſiecles dans ces deux parties du Monde, paroiſſant confirmer cette idée,
a fait auſſi penſer que le climat
de l'une produiſoit des hommes
libres, & que le climat de la ſeconde ne produiſoit que des eſclaves. Quoique l'expérience, &
une multitude de faits & de phé-
nomenes, ſemblent de plus en plus
autoriſer & juſtifier ce ſentiment,
il ſeroit peu raiſonnable de regarder la nature du ſol, ou de la
température de l'Aſie , comme
l'unique cauſe de la ſervitude qui

y regne, & qui y a toujours regné:
ce seroit tout accorder au physique, aux dépens d'une infinité de
causes morales & politiques qui
ont pu y concourir ; & attribuer
à un seul ressort que l'on prétend
connoître , tous les effets d'une
machine qui peut ; & qui doit
même avoir plusieurs autres mobiles qu'on a peut - être négligé
d'examiner. Tel que soit le pouvoir des climats sur les divers habitans de la terre, nous pouvons
être certains, par exemple, qu'il
n'y a aucune action physique qui
soit capable d'éteindre généralement dans l'homme le sentiment
naturel de ses plus chers intérêts,
à moins que l'éducation & les
préjugés reçus n'y cooperent, en
ne lui présentant dès l'enfance que
de faux principes sur son bonheur
réel, & sur ses vrais devoirs. Tout
fait sentir au jeune Asiatique qu'il

est esclave , & qu'il doit l'être ;
tout apprend à l'Européen qu'il
est raisonnable , & l'Amériquain
voit qu'il est libre : voilà sans doute quel est le grand ressort qui seconde l'action des climats , & la
véritable cause des diversités que
nous voyons dans le genre de vie ,
dans la façon de penser , & dans
le gouvernement des Nations. E-
changeons leurs principes , & nous
pourrons être sûrs qu'indépendamment de toute la vertu & de
toute l'influence des climats, nous
verrons la liberté dans l'Asie , la
raison dans l'Amérique , & l'esclavage dans l'Europe ; les difficultés qu'on rencontreroit en fai-
sant cet échange, seroient vraisemblablement en raison de la force
du physique de chaque lieu : il
faudroit , suivant le climat, plus
ou moins de temps , & plus ou
moins de peine ; mais à la fin l'é-

ducation feroit certainement vic-
torieufe.

L'Afie peut elle-même être ici
la preuve de ce que je viens d'a-
vancer fur l'infuffifance de l'action
des climats, lorfque cette action
n'eft point combinée avec les préjugés des hommes; cette partie
du Monde eft trop vafte & trop
étendue pour avoir partout le même ciel, la même zone, & la
même température : on ne voit
néanmoins aucune modification
dans les préjugés qui y regnent;
& malgré toutes les variétés du
fol, une caufe fecrete lui fait partout fubir la même Loi; le Nord
comme le Midi, l'Orient comme
l'Occident de cette immenfe région, n'obéiffent qu'à des Defpotes, & ne reconnoiffent d'autre
Loi que la volonté de leurs Souverains. Il doit néceffairement y
avoir dans l'Afie des contrées où

le defpotifme ne doit rien au climat où il regne, & où il doit tout
à l'habitude & aux préjugés de fes
efclaves. L'Amérique produiroit
auffi de femblables objections aux
Phyficiens politiques ; elle contient deux grands Etats defpoti-
ques, environnés de Nations libres
& vagabondes. Il en eft de même
de l'Afrique, où l'on voit un bizarre mélange de Peuples foumis
à de grands & petits Defpotes, &
de Barbares errans dans fes déferts.
Je n'accumulerai point contre ces
prétendues influences du ciel & de
la terre une multitude de réflexions qu'une faine Philofophie, &
que le fentiment naturel font capables de préfenter à tous les hommes ; il en réfulteroit toujours que
l'état des Nations, & que leurs divers gouvernemens dépendent ef-
fentiellement de leurs feuls préjugés. Comme j'ai trouvé jufqu'ici

tous ces syſtêmes faux & incom-
plets, & que mes recherches ont
été peu heureuſes, répandez, je
vous conjure, vos lumieres ſur ce
cahos, & faites-moi découvrir, s'il
eſt en votre pouvoir, une vérité
que je brûle de connoître.

    Je ſuis, &c.

LETTRE XV.

A M. CLUMSY,

Fermier Général.

Pomaque degenerant succos oblita priores,
Et turpes avibus prædam fert uva racemos:
Silicet omnibus est labor impendendus ;
Cogendæ in sulcum ac multà mercede do-
mandæ.

Virg. Georg. 2.

L'arbre fruitier décheoit, le poirier dégénere ;
De douce qu'est la pomme, elle devient amere ;
Des seps abandonnés les grapes sont sans vin,
Et des hôtes de l'air deviennent le butin.
Il faut donc cultiver toute sorte de plante ,
Si tu veux que le fruit réponde à ton attente.

Trad. de Martin.

Monsieur,

J'allai hier à la Campagne, afin de dissiper quelques nuages qu'u-

ne étude férieufe fembloit avoir
répandu fur tout mon être. Après
quelques tours de promenade j'é-
tois prêt à m'affeoir fur un gazon,
lorfqu'un homme d'affez mauvai-
fe mine , quoique magnifique-
ment couvert, vint m'affaillir avec
toute la chaleur d'un ami. „ Que
„ je fuis charmé , me dit-il, mon
„ cher , de vous rencontrer : il y
„ a plus d'un mois que je vous
„ cherche , pour vous demander
„ avis fur une chofe de la derniere
„ importance «. L'air brufque avec
lequel il m'avoit abordé, ne laiffa
pas de m'effrayer d'abord ; mais
ayant réfléchi fur ce qu'il m'avoit
dit que je pouvois lui être utile,
je le remerciai de l'honneur qu'il
me faifoit de me croire capable
de lui donner quelque confeil, &
le priai de s'expliquer ; ce qu'il fit
en ces termes.

„ Je me garderai bien de faire
commen

» comme mes Confreres, qui,
» auffi ignorants que moi, s'en-
» orgueilliffent cependant des ri-
» cheffes immenfes qu'ils poffe-
» dent. Je fçais que je n'étois pas
» né pour être maître de ces Châ-
» teaux & de ces Terres que vous
» voyez autour de vous ; mais la
» fortune l'a voulu ainfi ; c'eft elle
» qui m'a tiré de l'état fervile où
» j'étois depuis ma naiffance, pour
» me joindre à une femme affez
» jolie, qui eft la fource de mon
» bonheur. Depuis cette heureufe
» alliance, tout s'eft tellement dé-
» claré en ma faveur, que je n'ai
» fait aucun fouhait qui n'ait été
» fatisfait au-delà de mes efpé-
» rances, jufques-là qu'au bout de
» fix mois de mariage j'eus un fils.
» Comme il étoit venu un peu à-
» vant le temps auquel je l'atten-
» dois, je crus que fon efprit de-
» voit être auffi précoce, & dès-

F

» lors je defirai d'en faire un grand
» homme : je crus ne pouvoir
» mieux faire, lorfqu'il fut parve-
» nu à l'âge de fept ans, que de le
» mettre fous la direction de l'Ab-
» bé Ergotin. Mais, le croiriez-
» vous ? malgré les fommes im-
» menfes qu'il m'en a coûté, ce
» maudit Sçavantaffe n'en a fait
» qu'un fou, qui ne parle que de
» fyllogifmes, de modes, de for-
» mes, & d'un tas d'autres ter-
» mes dont je n'entends perfonne
» fe fervir, & qui me femblent
» abfolument vuides de fens ; il
» parle du mouvement des pla-
» nettes, & de la nature de l'ame ;
» mais il ne connoît ni le monde
» ni le cœur humain ; fouvent il
» ne fe connoît pas lui-même : fi
» je veux le remettre dans le bon
» chemin, il me regarde avec
» mépris, comme fi je n'étois pas
» fon pere, & me dépayfe par

» des subtilités scholastiques aux-
» quelles je n'entends rien. Enfin
» je ne sçais comment l'Abbé s'y
» est pris, mais au lieu de l'amour
» de la vérité que je voulois qu'il
» eût, il n'aime que la dispute &
» la contradiction ; cependant je
» l'ai oui dire à plusieurs habiles
» gens, & vous le sçavez comme
» eux, l'ingénuité & la franchise
» de l'enfance admettent volon-
» tiers le germe des vertus & de
» l'honneur, quand on les leur
» présente sous une image gra-
» cieuse «.

Je sçais, lui répondis-je, que
la douceur est la vraie façon de
conduire la Jeunesse ; mais telle
est la foiblesse des peres d'aujour-
d'hui ; trop foibles, ou trop mal-
instruits pour prendre sur eux-mêmes le soin de leurs enfans, ils les
abandonnent tout entiers à des
Pédants sans éducation & sans

mœurs, qui ne connoiſſent le bien
que parce qu'il eſt le contraire de
leurs actions ; qui ne leur préſen-
tent que la peine qu'il y a à pra-
tiquer la vertu, ſans leur en faire
connoître les avantages ; & qui,
loin de donner un libre eſſor à
leur génie, le tiennent comme accablé ſous une vile ſervitude. Quiconque ſuit le chemin de la vertu,
parce qu'on l'y conduit de force,
s'égarera bientôt ſi on lui laiſſe
tant ſoit peu de liberté.

» Je connois mon tort, inter-
» rompit cet honnête Financier ;
» il eſt l'effet de l'ignorance que
» je vous ai accuſée d'abord. Dieu
» merci je me ſuis défait de la
» préſence de mon bourru de fils,
» en lui achetant un gros Bénéfi-
» ce ; mais ce n'eſt pas ſur ce fils
» que roule l'objet qui me rend
» importun auprès de vous. Mon
» ignorance eſt tout auſſi profon-

» de qu'elle étoit il y a vingt
» ans , & j'ai un autre fils qui a
» les plus belles difpofitions du
» monde , & qui par conféquent
» exige une attention particulie-
» re : mon incapacité & mes af-
» faires m'empêchent de la lui
» donner; dites-moi, je vous prie,
» ce qu'il faut que je faffe pour
» éviter d'en faire un Pédant, ou
» un homme frivole & vain , com-
» me le font la plûpart de ceux de
» nos jours.

Les foins que vous prenez , lui
répartis-je , font louables, & vous
rendent digne de l'état d'opulence pour lequel vous avouez n'ê-
tre pas né ; ce que vous me demandez eft de la derniere confé-
quence , & exige beaucoup de
réflexions. Il vous faut un homme fage , prudent , éclairé , qui,
connoiffant exactement le fentier
de la vertu , fçache y conduire

comme par la main l'Eleve que vous avez deffein de lui confier. La grande fcience n'eft pas toujours ce que vous devez avoir le plus en vue, elle eft prefque incompatible avec la fageffe ; & fi quelqu'un les a réunis, c'eft un phénomene que la nature a mis des fiecles à produire. La fcience eft le fruit de la mémoire ; tout le monde peut être fçavant, mais la fageffe eft la regle de l'ame ; c'eft elle qui nous rend maîtres de nos penfées, de nos defirs, de nos actions, & qui nous guide dans l'application que nous devons en faire pour notre bien, ou pour celui des autres. Vous diftinguerez aifément l'homme qui vous eft néceffaire, d'avec celui qui vous a trompé dans l'éducation de votre premier fils ; ce dernier étoit, dites-vous, arrogant, fier, préfomptueux, in-

diſcret, opiniâtre ; tel eſt le ca-
ractére de la ſcience. Le ſage eſt
modeſte, retenu, doux, paiſi-
ble ; la ſérénité de ſon front indique la pureté de ſon cœur : il
eſt vrai que nombre de gens ſçavent ſe contrefaire ; mais ce ſera
à vous à l'éprouver, ſans conſidé-
rer s'il eſt pauvre ou riche : quit-
tant toute idée de hauteur, il faut
en faire un ami ; l'homme ne ſçauroit long-temps réſiſter aux appas
de la familiarité, il ſe montre
bientôt tel qu'il eſt. S'il eſt vertueux, pourquoi la différence de
fortune vous empêcheroit - elle
d'être lié intimement avec celui
qui doit, pour ainſi dire, donner
à votre enfant un nouvel être? Sans
me laiſſer le temps d'en dire davantage, mon homme me remercia dans les termes les plus obli-
geants, & me laiſſa dans l'admiration. Tant de franchiſe, & une

F iv

inquiétude aussi extraordinaire
dans le siécle où nous sommes,
euſſent ſans doute forcé tout autre
à les admirer.

Je ſuis, &c.

LETTRE XVI.

A M. PICHON,

DE PREMESLÉ,

Maire de la Ville de Séez.

Video meliora, proboque;
Deteriora sequor.
Ovid. Met. L. 7. v. 20.

MONSIEUR,

J'étois hier dans une compagnie assez brillante, où l'on proposa cette question, à mon avis assez singuliere : sçavoir, s'il seroit plus à propos pour le bien de l'Univers, j'entends pendant cette vie, que tout homme fût hon-

F v

nête, & toute femme chaste ; ou
que les hommes fuſſent méchans,
& les femmes telles qu'elles ſont
aujourd'hui. Chacun dit ſon ſentiment ; tous s'attachèrent à peindre avec eſprit plutôt les différents caractéres, qu'à décider le
fait dont il s'agiſſoit. Comme mon
ſentiment prévalut, & que vous
m'avez prié de vous faire part de
ce que je pourrois découvrir d'extraordinaire dans cette Capitale,
j'ai trouvé cette queſtion ſi origi-
nale, que je me ſuis cru obligé
de vous en faire part ; ſi je me ſuis
égaré dans mon jugement, je vous
prie inſtamment de me le faire connoître.

Ma déciſion fut courte ſur l'ar-
ticle des femmes ; car je crois que
la plûpart de celles qui ne ſont
point auſſi vertueuſes qu'un cen-
ſeur ſévere pourroit l'exiger, n'en
uſent ainſi que pour la ſubſiſtance

ou l'agrandissement de leurs familles : d'ailleurs, comme je ne
sçaurois concevoir quel mal peut
faire au genre humain la sagesse
des femmes, puisqu'il est de maxime constante de choisir entre
égale beauté la plus vertueuse,
je hasardai donc de dire, qu'il
seroit plus avantageux à l'humanité que toutes les femmes fussent chastes. J'espere que le beau
sexe voudra bien me pardonner un
jugement aussi précipité ; je ne
parle ici que d'impossibles, & ce
que je dis en spéculation, ne peut
altérer l'usage ordinaire en façon
que ce soit.

L'autre question relative à mon
propre sexe, me parut plus difficile, & j'eus toutes les peines du
monde à la réduire à un certain
point de probabilité ; pour la derniere partie, elle est d'autant plus
conclusive, qu'elle est autorisée

chaque jour par l'ufage.

Je fuis fûr que vous ne manquerez pas de décider en faveur
de l'honnêteté avec autant de précipitation que je fis fur la chafteté
des femmes ; mais je fuis fûr auffi
qu'après quelques réflexions, vous
y reconnoîtrez des différences effentielles. J'avoue que fi on con-
fidéroit l'homme dans l'état dome-
ftique, comme pere ou fils, maître
ou ferviteur, je ne vois pas que
l'honnêteté ainfi bornée pût faire
craindre aucune ruineufe influence ; mais fi nous parcourons la
vafte étendue des affaires publi-
ques, nous découvrirons aifément
dans ce qui fe paffe d'homme à
homme, de Royaume à Royaume, du Prince au Peuple, & fouvent d'un Miniftre contre tous
deux, que l'honnêteté eft trop
bornée pour des matieres auffi nobles ; fes refforts font trop foibles

pour donner aucun mouvement à
des machines si différentes & si sa-
crées.

Je sçais qu'on peut opposer une
objection à une partie de mon rai-
sonnement ; sçavoir, qu'on ne doit
faire le mal, qu'il ne s'en suive
quelque bien. Pour y obvier, je
vous prie de considérer que je ne
parle que comme homme d'Etat,
& que jamais on n'a trouvé cette
maxime dans aucun *Compendium*
politique. D'ailleurs la charité,
quoique vertu cardinale, est devenue entierement hors de pratique ; le nombre des Pauvres est si
grand, qu'il faudroit affamer le
petit nombre de Riches qui exi-
stent, pour satisfaire aux plus pres-
sants besoins des malheureux. Si
l'on voyoit donc par cette méta-
morphose des méchans en honnêtes gens, un nombre infini de familles faire retentir le monde du

cri pitoyable de leur honnêteté, il eſt certain que pluſieurs qui ne ſont ni de l'un ni de l'autre parti, commenceroient à jetter un coup d'œil plus gracieux ſur le parti contraire à l'honnête. C'eſt trop m'écarter du ſujet ; venons aux preuves, & examinons les diffé-rents états qui, dans l'uſage, peu-vent juſtifier ma déciſion.

Je commence par ceux qui ſont le ſoutien des Loix, & qui font leur principale occupation de l'ad-miniſtration de la Juſtice ; quel ſeroit leur ſort, ſi tout homme é-toit honnête ? Pourroient-ils main-tenir leurs familles d'une maniere ſi brillante, & la laiſſer à leur mort pourvue d'une auſſi abondante for-tune ? Je ne veux pourtant pas dire que tout homme de Juſtice ne ſoit pas honnête ; j'ai le bon-heur d'être lié avec quelques-uns, à qui j'ai des obligations infinies pour les sages conseils qu'ils m'ont donnés, & les fideles services qu'ils m'ont rendus ; mais cette exception ne fait rien sur le général : si tout homme étoit honnête, cette profession deviendroit inutile, personne ne voudroit s'y adonner.

Venons à l'examen de l'état Militaire. Que deviendroient tant de gens d'honneur, après le changement général de toute la terre ? L'ambition qui soulage & entretient ces ames hardies dans leurs pénibles travaux, seroit anéantie ; les Princes n'auroient plus besoin de maintenir de puissantes Armées ; s'il leur arrivoit quelques difficultés, elles seroient bientôt terminées dans quelques entrevues. Alors il n'y auroit plus de jalousie entre les Princes & leurs Peuples ; les uns cesseroient d'être tyrans, les autres d'être malheureux ; tous les hommes ne seroient

plus qu'une même famille sous les
yeux de leur pere commun. Mais
que dis-je ? ces esprits élevés, ce
héros, qui tiennent le genre humain en crainte, & qui se disen
les arbitres du Monde, devien
droient donc inutiles ? Il faudroi
donc que leur grandeur finît, & qu
leur main accoutumée à porter l
balance de la terre, s'endurcît a
diriger le soc d'une charrue ? Le
Héros de Rome en usoient ainsi
il est vrai, mais aussi avoit-on soi
d'écarter de leur enfance toute idé
de luxe & de mollesse : élevés dan
des principes de vertu & d'huma
nité, ils ne prenoient les arme
que pour défendre leur Patrie ; e
temps de paix ils vouloient con
tribuer au bien de la Société pa
le travail de leurs mains. Le
temps ont changé ; à l'exempl
d'un certain fou, que quelques
uns nomment sage, parce qu'i

jetta ses richesses à la mer, pour philosopher plus librement, on regarde comme une nécessité indispensable de se débarrasser entiérement de sa conscience, pour ménager sans remords les grandes affaires. On veut amasser des richesses; on vend tout, on livre l'honnêteté, on s'expose soi-même.

Passons aux autres états qui ornent le genre humain. Tant d'avides Publicains, *qui devorant plebem sicut escam panis*, & qui sont les ennemis les plus déclarés de l'honnêteté, verroient-ils avec un œil tranquille leurs superbes Palais, dont la bassesse est la pierre fondamentale, se changer en chaumière? Devenus modestes, pourroient-ils se passer d'offusquer par leurs chars brillans les malheureux à qui ils en ont injustement arraché le prix? & avoir d'autre mobile de leur conduite

que le luxe & l'indécence ? Non
fans doute, *le vafe eft imbibé*,
l'étoffe a pris fon pli ; ils amaffe-
ront des richeffes, ils accumule-
ront fur leurs têtes le poids énorme de leur iniquité, & s'endor-
miront chaque jour aux concerts
flatteurs de leurs Parafytes.

A propos de Parafytes, eft-
il poffible de croire que Poëtes,
Muficiens, Faifeurs de projets,
Chymiftes, & mille autres qui fe
difent enfans d'Hippocrates & de
Machiavel, puiffent fouffrir un pareil fyftême ? Si vous leur parlez
de s'abftenir de cette divine liqueur, d'où ils tirent toute l'étendue de leurs découvertes, ils fe
fâchent ; que feroit-ce donc s'ils
étoient obligés de boire de l'eau,
& de devenir honnêtes ? Leurs cer-
veaux déja fêlés ne manqueroient
pas d'éclater ; pauvre honnêteté,
crains leur approche. Je ne finirois

plus, si je voulois détailler les in-
convéniens fâcheux que produiroit
le systême de la méthamorphose
générale.

Nous examinames ensuite quelle conséquence suivroit, si tout le
monde devenoit méchant.

J'avancai pour premiere maxime, que personne ne peut con-
tredire que le vice est aussi avantageux à la politique, que le luxe
l'est au commerce : Mais, dit
quelqu'un, tout le monde sera
donc méchant, ou adonné au luxe? car si quelqu'un s'abandonne
au dernier, il s'ensuivra que ceux
qui épargneront leurs biens, de-
viendront riches, & l'honnête
homme, après avoir consommé
ses richesses pour le bien public,
tombera dans la disette. A cela je
répondis, qu'en bonne politique
le méchant aura toujours l'avantage sur l'honnête homme, & que

ce qui tourne au profit de l'un, do
néceffairement faire la perte
l'autre. Quelqu'un voulut prend
la défenfe de l'honnêteté ; ma
comme il rapporta un ancien pro
verbe qui dit que l'honnêteté eft
vraie politique , il fut interromp
& chacun s'accorda pour dire q
de nos jours la politique eft la vra
honnêteté.

Je fuis, &c.

LETTRE XVII.

A M. LE COMTE D'HARRINGTON.

Origine du Despotisme.

MONSIEUR,

Il fut un temps où l'homme devenu l'objet de la haine de son Créateur, fut enseveli avec ses crimes sous les ruines de l'Univers ; une seule famille fidele à son Dieu survécut à ces effroyables catastrophes. Après le retour de la sérénité & de l'harmonie, ces misérables restes des Nations détruites, étonnés encore de la justice & de la vengeance célefte, s'attendoient à chaque inftant à voir le Juge fuprême venir demander compte à l'Univers, & prononcer ces redoutables arrêts que les méchans ont toujours craints, & que les juftes ont toujours attendus. Occupées des feuls moyens de pourvoir à leur mifere & à leur fubfiftance, il n'y eut vraifemblablement alors parmi elles d'autre autorité que celle des Peres, & d'autre Loi que la raifon & le befoin commun, qui étant dans de pareilles circonftances le même que le befoin particulier, ne pouvoit être méconnu ni négligé d'eux. Ce n'eft point dans ces premiers momens qu'il faut chercher ces Gouvernemens politiques qu'on a vu par la fuite couvrir la furface de la terre : ils n'ont pu commencer à y paroître, que lorfque ces familles s'étant de plus en plus rapprochées

& multipliées, formerent des fo-
ciétés plus nombreuses, auxquelles
il fallut nécessairement un lien plus
fort & plus frappant que dans les
familles, pour maintenir l'unité
dont on connoiffoit tout le prix,
& pour entretenir cet efprit de religion, d'économie, d'induftrie &
de paix, qui feul pouvoit réparer
les maux infinis qu'avoit fouffert la
nature humaine.

On fit donc alors des Loix civiles, économiques & domefti-
ques, pour infpirer la frugalité,
pour animer au travail, pour encourager les inventeurs, & pour
hâter furtout les progrès de l'agriculture : on régla la nature des devoirs & des fecours qu'on fe devoit réciproquement, afin de prévenir les querelles, & pour accorder celles qui pourroient naître.
On indiqua le temps du travail &
du repos, on donna une forme

authentique aux mariages, on pre‑
crivit sur ‑ tout un plan invaria‑
ble pour l'éducation & pour les
mœurs ; on mit un ordre régulie[r]
dans le culte extérieur qui devoi[t]
sans cesse rappeller l'homme à l[a]
Divinité ; enfin on mit le sceau d[e]
l'approbation publique à tous le[s]
usages , & à tous les établissemen[s]
qui pouvoient intéresser la Socié‑
té. Vraisemblablement on établi[t]
aussi des peines & des punition[s]
envers ceux qui manqueroient e[n]
quelque chose à cet engagemen[t]
général.

Ces divers Réglemens furent
dans les commencemens aussi sim‑
ples que l'esprit qui des dicta[,]
quoiqu'ils n'eussent point encor[e]
cette étendue qu'ont eue par la sui‑
te les Codes & les Législation[s]
de tous les Peuples , ils n'en pou[r]
voient être que meilleurs & plu[s]
sages, & marcher bien plus directe‑
ment

ment au vrai bien du genre humain. Il ne falloit point, pour en
faire le projet, avoir recours à des
Philosophes sublimes, ni à des
Politiques profonds; la raison, la
nécessité & les besoins réels, furent les seuls Législateurs qui les
dicterent; & quand on en rassem-
bla toutes les parties, on ne fit
sans doute qu'écrire, ou graver sur
le bois ou sur la pierre, ce qui
avoit été fait jusqu'à ces temps
heureux, où la raison des Particuliers n'étant point encore différente de la raison publique, avoit
été la seule & l'unique Loi. Pour
la manutention de ces institutions,
qui devoient faire le bonheur particulier des familles, lorsqu'elles
n'étoient encore que Loix domestiques, on s'en rapporta d'un con-
sentement unanime aux Anciens
réunis, & aux Chefs de ces mêmes familles, qui tous devoient

G

être les plus intéressés à veiller au
repos & à la félicité d'une Société
qui les touchoit de si près ; ce n'est
point qu'ils fussent regardés comme les Rois & les Maîtres souverains , mais c'est que leur expérience , leur sagesse , leur âge , &
leur nom de peres , leur attiroit de
la part de tous un profond respect
& une vénération naturelle. Ils furent donc choisis pour être les Ministres & les surveillans de la Société , & non pas pour en être les
Arbitres indépendans.

L'homme sçavoit alors qu'il y
a une Loi, une raison publique ,
vis-à-vis de laquelle ceux mêmes
qui en sont les Ministres, ne sont
rien plus dans l'Etat que le dernier des Citoyens; connoissant donc
ses privileges , à titre d'être raisonnable & libre , l'intention de
l'homme ne fut pas de se mettre
dans les chaînes de quelques-uns

de ses semblables, en prescrivant des Loix civiles ; & quoiqu'il se captivât volontairement par les Loix, pour se rendre dépendant de la Société où il trouvoit sa subsistance, sa sûreté & son bonheur, il ne voulut en même temps reconnoître au-dessus d'elle d'autre Monarque que Dieu seul ; ce fut uniquement à lui qu'il soumit sa législation nouvelle, & qu'il se soumit lui-même. La raison en cela guidoit l'homme, qui se comportoit alors en créature raisonnable & intelligente ; ce qui fit son bonheur & sa gloire. Voilà quelle a été la conduite de l'homme dans ces premiers temps, & celle qu'il eût toujours tenue, s'il n'eût point perdu de vue son ancien mobile & son guide naturel, je veux dire ses besoins & sa raison.

Mais quelles sont les Loix qui ne dégénerent point insensible-

ment, surtout quand le respect ex-
cessif qu'on a pour elles ne permet
point de les confronter de temps en
temps avec la Loi primitive, qui
est gravée dans les cœurs d'une façon bien plus inaltérable que sur la
pierre, & que l'on y trouve toujours quand on veut rentrer en soi-
même ? Ces Loix admirables se
corrompirent donc & se dénature-
rent, parce qu'on négligea le moyen
de les conserver pures, & de les re-
dresser quand elles commencerent
à s'écarter du bien public, de la
raison, & du bon sens même.

LETTRE XVIII.
A M. LE COMTE D'HARRINGTON.

Suite de l'origine du Despotisme.

MONSIEUR,

L'Homme sur le point de mettre le dernier sceau à sa Législation, & prêt à en représenter le siége & l'unité, en se donnant Dieu même pour Souverain, divers sentimens que la raison lui dictoit, & encore plus le poids & le crédit d'une certaine superstition qui fut particuliere à ces premiers âges, concoururent à lui inſpirer un choix & un deſſein auſſi extraordinaires; ſes beſoins lui ayant fait connoître de bonne heure qu'il n'étoit point un être qui pût vivre iſolé ſur la terre, il s'étoit réuni à ſes ſemblables, préférant, comme nous avons vu, les avantages d'un engagement néceſſaire & raiſonnable, à ſa liberté naturelle. L'agrandiſſement de la Société ayant enſuite demandé que le contrat tacite que chaque Particulier, en s'y incorporant, avoit fait avec elle, eût une forme plus ſolemnelle, & qu'il devînt authentique & irréfragable, afin que l'ordre & l'harmonie puſſent y ſubſiſter & y régner comme auparavant, l'homme y conſentit encore. Les premiers reſſorts n'étoient pas changés par cette précaution nouvelle: elle n'avoit pour objet que de les fortifier en proportion de la grandeur & de l'étendue du corps qu'ils avoient à faire mouvoir. On renouvella donc alors en faveur de la Société le sacrifice déjà commencé de cette liberté, & de cette égalité naturelle dont nous avons tous le sentiment; on reconnut des Supérieurs & des Magistrats, on se soumit à une subordination civile & politique; bien plus, on chercha un Souverain, parce qu'on connut dès-lors qu'une grande Société sans Chef ou sans Roi, étoit un véritable corps sans tête, & même un monstre, dont les membres mis en mouvement ne pouvoient produire rien de raisonné ni d'harmonique.

Le spectacle de l'Univers vint encore seconder la voix de la raison; l'homme s'en occupoit alors sans cesse, il admiroit ce merveilleux concert. Comme l'immutabilité du ciel & la félicité de la

terre , dépendoient de l'accord
perpétuel de tous les divers mouvemens des aſtres , il les exami-
noit perpétuellement ; tantôt il
portoit ſes yeux vers le ſoleil , tantôt il conſidéroit la lune , & cette
immenſe multitude d'étoiles dont
le firmament eſt peuplé ; mais re-
marquant ſurtout cet aſtre unique
& éclatant qui ſemble commander à toute l'armée des Cieux ,
& en être obéi , il crut voir là-
haut l'image d'un bon Gouvernement , & y reconnoître le modele & le plan que devoit ſuivre
la Société ſur la terre pour ſe rendre heureuſe & immuable par un
ſemblable concert. La Religion
appuya ſans doute tous ces mo-
tifs, déja très-puiſſans par eux-mêmes. L'homme ne voyoit dans
toute la nature qu'un Soleil, il ne
connoiſſoit dans l'Univers qu'un
ſeul Eſtre ſuprême, qu'un Dieu;

Il jugea donc qu'il lui falloit un Roi qui fût le Pere & le Chef de cette grande famille, qui la conduisît, & la réglât, comme le Soleil regle toute la nature, & comme un Dieu conduit & gouverne. Tels furent les avis, les conseils & les exemples que la raison, le spectacle du Ciel, & la Religion, donnerent unanimement à l'homme ; mais il les éluda, plutôt qu'il ne les suivit. Soit qu'il imaginât réellement qu'aucun Mortel n'étoit capable de représenter Dieu sur la terre, (ce qui est vrai dans un sens) so t qu'il craignît de perdre tout-à-fait sa liberté, en ne songeant pas qu'il y avoit cependant des moyens légitimes de l'assurer aussi-bien que le Thrône ; soit enfin que la superstition l'emportât, au lieu de se choisir un Roi parmi ses semblables, avec lequel la Société au-

G v

roit fait le même contrat que chaque Particulier avoit fait ci-devant avec elle, l'homme proclama l'Etre suprême, & il ne voulut point qu'il y eût comme dans le Ciel d'autre Maître, ni d'autre Monarque.

Il est difficile à l'homme de concevoir un Estre aussi grand, aussi immense, & néanmoins invisible, comme est l'Estre suprême, sans s'aider de quelques idées & de quelques comparaisons humaines & sensibles ; c'est donc à elles qu'il fallut presque nécessairement revenir. Indépendamment de la qualité de Dieu, ils lui donnerent celle de Roi ; tous les actes de Police & de la Religion ne partoient que de lui, on trouvoit ses ordres & ses arrêts partout, on suivoit ses Loix, on lui payoit des tributs ; on lui bâtit des Palais, on lui destina une place, elle fut bien-tôt remplie. Les uns y mirent une pierre brute, les autres une pierre sculptée, ceux-ci l'image du Soleil, ceux-là de la Lune; plusieurs y exposèrent un Bœuf, une Chevre, un Chien, un Chat.

Les signes représentatifs du divin Monarque furent chargés de tous les attributs symboliques d'un Dieu & d'un Roi; ils furent décorés de tous les titres sublimes qui convenoient à celui dont ils étoient l'emblême : ce fut devant eux qu'on adressa à l'Estre suprême des louanges & des prieres, qu'on exerça les actes de Police & de la Religion, & qu'on remplit tout le cérémonial. On croit sans doute que c'est l'idolâtrie? non ce ne l'est pas encore, mais c'en est la porte fatale.

Je n'adopte point ce sentiment affreux, que les hommes sont devenus idolâtres de dessein prémédité, & qu'ils ont été capables d'en former un systême raisonné pour l'exécuter ensuite; ce sentiment est aussi contraire à la Philosophie, qu'il seroit déshonorant pour l'humanité; encore moins doit-on s'arrêter aux opinions d'un Cumberland*, qui dit que *l'idolâtrie s'est formée en haine de l'Estre suprême & des Justes.* Jamais les hommes n'ont haï la Divinité; dans leurs égaremens même, jamais ils n'ont méconnu son existence; ce n'est point non plus par un saut rapide qu'ils ont passé de l'adoration du Créateur à l'adoration de la créature: ils sont devenus idolâtres sans le sçavoir & sans vouloir l'être, comme ils sont ensuite devenus esclaves sans avoir jamais eu envie de se mettre dans

---

* Auteur Anglois, dans un Ouvrage intitulé: *Loix naturelles.*

l'efclavage. La Religion primitive de l'homme s'eft corrompue, & fon amour pour l'unité s'eft obfcurci peu à peu par le progrès infenfible qu'a fait l'ignorance, par l'oubli du paffé, par le trop grand appareil du culte extérieur, par les fuppofitions qu'il a fallu faire pour foutenir un gouvernement tout furnaturel, & par la négligence des inftructions néceffaires dans un culte & une police toute figurée.

LETTRE XIX.

A M. LE COMTE D'HARRINGTON.

Suite de l'origine du Despotisme.

MONSIEUR,

Les symboles & les Idoles par lesquels on représentoit le grand Juge, n'étoient rien ; mais les Officiers qu'il fallut leur donner, étoient des hommes, & non des créatures célestes incapables d'abuser d'une administration qui leur donnoit tout pouvoir.

Les Ministres visibles furent pendant un certain tems dignes de leur Maître invisible ; mais ils ne tarderent pas à abuser de leur puissance. Les Peuples s'étant accoutumés à reconnoître en eux le pouvoir suprême par la sagesse de leur premiers ordres, & l'utilité de leurs premiers conseils, ils s'accoutumèrent à leur obéir; peu à peu une confiance extrême produisit une crédulité extrême.

L'homme pénétré que Dieu est immuable, crut ne pouvoir résister à ces prétendues organes de la Divinité, lors même qu'ils ne firent plus que du mal. Arrivé par gradation à cet état de déraison de méconnoître son état, sa nature, & de s'oublier lui-même, il n'a plus osé dans sa misère lever les yeux vers le Ciel, encore moins sur ses Tyrans; un fanatisme aveugle le rendit esclave, & il crut en devoir honorer son Dieu par son néant & son indignité.

Telle a été vraisemblablement la marche de cet esclavage volontaire qui a dégradé le genre humain; ces malheureux préjugés

forment encore la bafe de tous
les fentimens & de toutes les difpofitions où font les Peuples Orien-
taux envers leurs Souverains ; ils
s'imaginent que le Diadême a
de droit divin le pouvoir de faire
le bien & le mal , & que ceux
qui le portent, ne doivent rien
trouver d'impoffible ; s'ils souf-
frent , s'ils font malheureux par les
caprices féroces d'un barbare , ils
fe foumettent alors aux vues d'une
Providence impénétrable , & par
cent interprétations myftiques ils
cherchent la folution des procé-
dés illégitimes & cruels dont ils
font tous les jours les victimes in-
fortunées.

Le Sacerdoce devenu defpoti-
que , couvrit la terre de Tyrans ;
les Dervis feuls furent les Souverains du Monde , & rien ne leur
réfiftant, ils difpoferent des biens,
de l'honneur , & de la vie des
hommes. Les temps qui nous ont

dérobé l'histoire des Théocraties, ont jetté un voile épais sur les forfaits de ces barbares Ministres du grand Juge ; la tradition nous dit seulement que se croyant Maîtres souverains, ils ne rendirent plus aucune justice aux Peuples, leur vie ne fut plus qu'un brigandage ; ils enlevoient de force, & dévoroient les victimes qu'on venoit offrir au Dieu-Monarque, & leur incontinence égalant leur gourmandise & leur avarice, *ils dormoient*, dit la Bible, *avec les femmes qui venoient veiller à l'entrée du Tabernacle.* Cette derniere anecdote sur laquelle l'Ecriture glisse si modestement, sans nous en faire connoître les suites, est cependant celle qui en eut le plus chez toutes les Nations. Ces monstres en vinrent enfin à ce comble d'impiété & d'insolence, de couvrir jusqu'à leurs débauches du manteau de la Divinité ; c'est d'eux que sortit une nouvelle race de créatures, qui ne connurent d'autres peres que Dieu, que le Soleil, que le Ciel, & que les Dieux, & d'autres meres que les misérables victimes ou que les coupables associées de l'incontinence sacerdotale.

Toutes les Nations virent alors paroître les demi - Dieux & les Héros, dont la naissance illustre & les exploits porterent les hommes à changer leur ancien Gouvernement, & à passer du regne des Dieux qu'ils n'avoient jamais pû voir, sous celui de leurs prétendus enfans qu'ils voyoient au milieu d'eux. Evénement singulier, où le Sacerdoce donnant des Maîtres, fit naître la révolution qui mit fin au regne céleste, & fit commencer cet âge des demi-Dieux que toute l'Histoire sérieuse a crû jusqu'à présent devoir aussi retrancher des Annales du Monde.

Fin de la premiere Partie.

LE PHILOSOPHE

MALGRÉ LUI.

Je t'offre, ami Lecteur, au Livre que voici,
Du bon, du médiocre, & du mauvais auſſi.
Tu riras de l'aveu ; n'importe :
Eh ! quel Livre eſt fait d'autre ſorte ?

Par M. CHAMBERLAN.

SECONDE PARTIE.

A AMSTERDAM.

M. DCC. LX.

LETTRE XX.

A M. LE COMTE D'HARRINGTON.

Effets du Despotisme.

Protinus irrupit venæ pejoris in ævum
Omne nefas, fugère pudor, verumque, fidesque;
In quorum subiere locum fraudesque, dolique,
Insidiæque, & vis, & amor sceleratus habendi.

Ovid. Metam. L. 2.

Ce fut alors sous ce vrai Jupiter,
Qu'on vit naître ici-bas le noir siecle de fer,
Le frere au même instant s'arma contre le frere,
Le fils trempa ses mains dans le sang de son pere.
La soif de commander enfanta les Tyrans,
Du Tanaïs au Nil porta les Conquérans,
L'ambition passa pour la vertu sublime,
Le crime heureux fut juste, & cessa d'être crime,
On ne vit plus que haine, & que division,
Qu'envie, effroi, tumulte, horreur, confusion,

Boileau. Sat. 1.

MONSIEUR,

Puisqu je vous ai parlé ci-devant de la mauvaise administra-

H

tion des Miniſtres du Dieu-Monarque, je crois que vous ne ſerez
pas fâché que je vous diſe un mot
de la conduíte que tinrent après
eux les Rois qui ſe virent à la tête
des Sociétés.

L'homme élevé à ce comble
de grandeur & de gloire, d'être
regardé ſur la terre comme le Re-
préſentant de la Divinité, & à cet
excès de puiſſance de pouvoir a-
gir, vouloir, & commander auſſi
ſouverainement qu'elle, ſuccom-
ba preſque auſſi-tôt ſous un fardeau qui n'étoit point fait pour
l'homme. L'illuſion de ſa dignité
lui fit méconnoître ce qu'il y avoit
en elle de réellement grand & de
réellement vrai ; & les rayons de
l'Eſtre ſuprême dont ſon Diadême
fut orné, l'éblouirent à un tel point,
qu'il ne vit plus le genre humain,
& qu'il ne ſe vit plus lui-même.
Abandonné de la raiſon publique,

qui même ne voyoit plus en lui
un Mortel ordinaire, mais une
Idole vivante inspirée du Ciel, il
auroit fallu que le seul sentiment
de sa dignité lui eût dicté l'équité
& la modération, & ce fut cette
dignité même qui le porta vers
tous les vices contraires. Il auroit
fallu qu'un tel homme rentrât souvent en lui-même ; mais tout ce
qui l'environnoit l'en faisoit sortir,
& l'en tenoit toujours éloigné ; &
comment un Mortel auroit-il pu
en effet se sentir & se reconnoître ?
Il se vit décoré de tous les titres
dûs à l'Estre suprême : tout le cérémonial dû au Dieu-Monarque
fut rempli devant l'Homme-Mo-
narque, adoré comme celui dont
il étoit devenu le Représentant :
alors tout l'Univers lui dut, & il
ne dut rien à l'Univers ; ses ordres, ses volontés, ses caprices,
devinrent les Arrêts du Ciel, ses

cruautés furent regardées comme
des Jugemens d'en-haut, auxquels
il fallut humblement souscrire ;
enfin cet Emblême vivant de la
Divinité surpassa en tout l'affreux
Tableau qu'avoit fait Samuel de
la conduite des Rois *.

* Samuel étant devenu vieux, ses deux
enfans nommés Joël, *le Dieu fort*, &
Abiath, *le Dieu pere*, commirent une infinité d'excès, & gouvernerent Israël
d'une maniere si tyrannique, que les
Peuples s'étant émus, les Anciens s'assem-
blerent, & députerent vers Samuel pour
lui porter leurs plaintes ameres, & pour
lui demander au nom du Peuple un Roi
qui les gouvernât, les jugeât, & qui pût
marcher à la tête de leurs Armées. Samuel crut devoir leur représenter qu'ils
se plongeroient par-là dans une servitude
plus cruelle. » *Le Roi* que vous deman-
» dez, leur dit-il, enlévera vos enfans
» pour en faire ses Officiers & ses Eunu-
» ques ; il vous chargera de pesants far-
» deaux : vous serez obligés de labou-
» rer ses champs, de faire ses moissons,
» de travailler à ses armes, à ses meu-
» bles, & à toutes ses superfluités ; ce
» Roi ravira vos filles pour en faire ses

Tel a été le Gouvernement de tous les Souverains de l'Aſie dans tous les temps que nous connoiſ-ſons : les anciens préjugés qui ont donné naiſſance au Deſpotiſme, y ſubſiſtent encore, & le perpé-tuent. Dans ces triſtes régions l'on voit encore l'homme ſans volonté baiſer ſes chaînes ; ſans fortune aſſûrée & ſans propriété, adorer ſon Tyran ; ſans aucune connoiſ-ſance de l'honneur & de la raiſon, n'avoir d'autre vertu que la crain-te, & ce qui doit être tout-à-fait digne de notre ſurpriſe & de nos

» ſervantes & ſes concubines ; ce Roi
» prendra vos champs & vos oliviers, &
» vos vignes, pour ſatisfaire ſa cupidité
» & celle de ſes Miniſtres : vos trou-
» peaux ſeront les ſiens, tout votre bien
» lui appartiendra, & vous-mêmes à l'a-
» venir ne ſerez plus que ſes eſclaves.
N'importe, répondit le Peuple, *donnez-nous un Roi, c'eſt-à-dire des Dieux que nous puiſſions voir & entendre, & qui puiſſe paroître à la tête de nos Armées. I. L. des Rois, c. 8.*

H iij

réflexions, là les hommes portant la servitude jusqu'à l'héroïsme, sont insensibles sur leur propre existence, & bénissent la main barbare qui les prive de la vie : seul bien qu'ils devroient au moins posséder, sans doute ; mais qui, selon la Loi du Prince, ne doit appartenir qu'à lui seul, pour en disposer comme il lui plaît. Les Nations y semblent cependant toujours dire avec autant d'obstination que les Israélites, & dans le même esprit : *N'importe, nous voulons avoir des Rois, c'est-à-dire des Symboles vivans, & des Dieux que nous puissions entendre, & que nous puissions voir devant nous à la tête de nos Armées.* Enfin pour avoir compté sur une révélation chimérique, ces Peuples infortunés ont perdu l'usage de la raison : la Religion & le Gouvernement sont devenus des

monſtres qui ont engendré l'Idolâtrie & le Deſpotiſme. La con-
noiſſance que vous avez de l'Hiſtoire vous a trop appris les maux
qu'ils ont produits, pour que je
m'expoſe à vous en faire un long
détail; il me ſuffit de vous dire que
ceux qui ſont contenus dans l'Epi-
graphe qui eſt à la tête de cette
Lettre, en eſt une eſquiſſe qui peut
vous en donner une idée capable
d'exciter en vous l'horreur la plus
vive.

Je ſuis, &c.

LETTRE XXI.

A M. LE MARQUIS DE RANCEY.

Quid frustra simulacra fugacia captas ?
Quod petis est nusquam : quod amas avertere
perdes.

MONSIEUR,

En quelque état que la divine Providence daigne placer le Sage, il est toujours le même ; la joie ne le transporte point lorsqu'il est heureux, le malheur ne sçauroit l'affliger. Humble, doux, sincere, & de facile accès, s'il est grand ; libéral, s'il est riche ; tranquille & content, s'il est pauvre, il

est infiniment plus flatté du témoignage secret de sa conscience,
que des faux applaudissemens des
hommes.

Pour acquérir cette heureuse
disposition de l'esprit, il faut considérer avec soin quelles sont les
choses qui dépendent de nous-
mêmes, & celles dont la fortune
peut nous priver. Si nous faisions
bien attention que la beauté, les
honneurs & les richesses sont des
biens que la main libérale du
Tout-Puissant a versés sur nous,
& qu'il peut reprendre sans injustice, lorsqu'il le juge à propos, nous
cesserions de les desirer avec tant
d'avidité, nous en verrions la perte
avec indifférence.

Une autre considération dont
il est intéressant d'être pénétré,
est, que ce que nous regardons
en général comme des maux,
ne sont pas réellement tels ; puis-
H v

que s'ils l'étoient, ils le feroient également pour tous. La pauvreté, par exemple, qui paroît si terrible à quelques-uns, qu'ils ne craignent pas d'exposer leur honneur & leur conscience pour en sortir, n'a-t-elle pas fait les délices de plusieurs ? On a vu des gens, embarrassés sous le poids des richesses, s'en défaire comme d'un fardeau inutile, & se croire suffisamment pourvus, lorsqu'ils avoient de quoi satisfaire leur faim, leur soif, & se mettre à l'abri des injures de l'air.

Les besoins de la nature se bornent à peu de chose, & l'on peut être heureux sous le chaume, comme dans les Palais magnifiques : l'innocence qui y regne y fait regarder les disgraces comme un fantôme de l'imagination, qui est aussi-tôt détruit qu'enfanté. Rapprochons-nous du Sage, &

regardons la vertu comme un bien qui nous est propre, & que personne ne peut nous enlever; contens de nous-mêmes, les maladies, & la mort même, ne pourront nous causer d'épouvante; si les premieres nous occasionnent des peines violentes, nous aurons au moins la consolation d'imaginer qu'il est glorieux de souffrir avec constance; la seconde, qui est regardée comme le dernier & le plus grand de tous les maux, ne sera pour nous que le déchirement d'un voile qui cachoit à nos yeux la perspective la plus belle; ce sera un dernier & puissant effort que fera la nature pour nous élever au-dessus de l'envie & de la fortune.

Je suis, &c.

LETTRE XXII.

A M. LE DUC

DE GRAFTON.

Nunc patimur longæ pacis mala : sævior armis
Luxuria incumbit, victumque ulciscitur orbem :
Nullum crimen abest, facinusque libidinis ex quo
Paupertas Romana perit.
                                              Juv. Sat. 6.

Le luxe & les plaisirs ont fait pis que la guerre ;
Ces effets malheureux d'une trop longue paix,
Amollissant l'esprit des Vainqueurs de la terre,
De leurs félicités ont vangé les forfaits :
Rome dans sa misere avoit son innocence,
Mais les crimes sont nés avec son opulence ;
Et l'avide intérêt a pris tant de crédit,
Qu'il a chassé l'honneur, autorisé le vice,
Consacré l'attentat, éleve l'injustice,
Et des vertus enfin le nom même interdit.
                                    Trad. de Silvecane.

MONSIEUR,

Quoique le souverain Maître
de toutes choses, en formant l'hom-

me, se soit plû à parer son ouvrage des qualités les plus éminentes, il est pourtant vrai que la
reconnoissance de tant de bienfaits
est le moindre objet de l'attention
de ses créatures ; toutes leurs vues
sont basses, & sentent encore la
fange dont elles furent formées.
On ne les voit point se disputer à
qui aura le plus de sagesse, d'humanité & de vertus : choses qui
peuvent cependant les distinguer
des autres animaux, & pour l'ac-
quisition desquelles le don précieux de la raison leur a été abondamment donné ; cette ambition
des siecles passés leur semble trop
commune, le desir d'amasser des
richesses est tout ce qui les occupe.

Les fruits abondans que le commerce du Sud fait rejaillir sur
quelques-uns, & les songes dorés
qui empoisonnent tous les jours

l'imagination de tous, ont ouvert
à la fois toutes les sources du luxe.
La prodigalité une fois établie,
est devenue le mobile de toutes
les actions des hommes; quelques-
uns étoient riches, tous ont voulu
l'être, ou du moins passer pour
tels : l'Artisan a voulu aller de pair
avec le Négociant, le Négociant
surpasser le Gentilhomme, ce
dernier avoir le train des Princes, & les dépenses des Princes
excedent actuellement celles des
anciens Rois.

Parmi le nombre infini d'occasions de dépenses qui se trouvent de nos jours, il n'est pas é-
tonnant que nous soyons devenus
aussi pauvres que prodigues.

Les maux sont réels; où trouver la guérison ? Sera-ce dans les
Loix ? Aucune ne peut être formée de façon à arrêter les progrès
d'une si longue & si douce habi-

tude ; d'ailleurs, le remede seroit pire que le mal : sera - ce aux Grands que nous aurons recours ? Ils pourroient, il est vrai, donner des exemples utiles, en montrant plus d'intelligence & de sagesse, moins de desirs déréglés, & plus d'affection pour la vertu ; mais hélas ! les hommes sont hommes partout ; ils ne peuvent pas se contrefaire plus long - temps que les singes, & quelque endroit que le Grand franchisse, le troupeau l'accompagne.

Un Bourguemestre d'Amster-dam voyant que la dépravation qui commençoit à se faire sentir parmi les Hollandois, étoit l'effet de l'abondance & de l'oisiveté, se servit de la méthode suivante pour montrer à ses Compatriotes les suites dangereuses que devoient avoir leurs folles dépenses.

Il invita à dîner les Magistrats

de la Ville , & quelques-uns des
plus riches Négociants, formant
en tout avec leurs épouſes le nombre de cent-vingt. Aucun ne manqua de ſe rendre au jour nommé;
comme leur hôte étoit riche , ils
ne doutoient pas que ce repas ne
fût , par ſa variété & ſa délica-
teſſe , digne d'eux & de lui ; mais
quel fut leur étonnement , lorſque pour premier ſervice ils ne
virent que des pommes bouillies
dans du lait , de la morue ſeche ,
des harengs , des navets , une ſala-
de de laitue , & pour boiſſon de la
petite bierre !

    Le Bourguemeſtre , avec l'air
le plus gai du monde, engageoit
les Conviés à manger , & en donnoit l'exemple ; les Dames s'ex-
cuſerent ſur le défaut d'appétit,
les hommes mangerent & parle-
rent peu , juſqu'à ce qu'on eût
levé de devant leurs yeux cette

triste image de la frugalité.

Le second service fut un peu mieux accueilli ; il consistoit en viande de boucherie rôtie & boullie, sans autre sauce que le plus grand appétit ; on avoit ajouté au buffet de la bierre d'Angleterre, & du vin de France : chacun mangea & but avec tant d'avidité, que personne ne toucha au troisieme service, qui étoit cependant composé de volailles & de poissons les plus recherchés, relevés par les sauces piquantes, où l'art d'un grand nombre de Cuisiniers s'étoit épuisé ; les meilleurs vins du Rhin, de Champagne, & de Bourgogne, chargeoient à leur tour le buffet. Les Convives étoient au désespoir d'être hors d'état de faire honneur à tant de magnificence, à laquelle ils ne s'étoient pas attendus. Le Bourgue-mestre s'en plaignit, & comme ils s'excuserent sur la beauté du service précédent dont ils s'étoient rassasiés, il saisit l'occasion, & leur parla en ces termes:

Vous vous êtes peut-être étonnés de la simplicité des mets qu'on vous a servis d'abord; nos Peres en faisoient cependant l'ornement de leurs tables : lorsque la Ville qu'ils nous ont laissée, commençoit à s'enrichir & à prendre un nom parmi les Nations, ils étoient suffisans pour leur subsistance. Les viandes qui ont flatté votre goût sont un effet du luxe, eu égard aux besoins de la nature ; nos Ancêtres sçavoient y opposer les digues de la raison: en les imitant nous pourrions laisser à nos héritiers un fond de sagesse & de vertus qu'ils ne manqueroient pas de transmettre à leurs enfans. Tout ce qui est au-delà du nécessaire, est luxe ; souvent même il dégénere en folie.

L'intempérance a pour l'ordinaire l'abord gracieux, mais les suites en sont terribles ; à considérer les maux qu'elle entraîne avec elle, on diroit que la mort a présidé à l'apprêt de tous les mets, & qu'elle a répandu dans chaque sauce un poison lent qui mine peu à peu ceux qui ont le malheur d'y toucher. Le luxe est aux Etats ce que la peste est à la santé ; également contagieux & funeste, on a vu les Empires les plus florissans tomber sous ses malheureuses influences. Quelle honte ne seroit-ce donc pas pour nous, si par notre faute nous nous trouvions réduits un jour à la même pauvreté que nos Peres, sans être ni aussi amateurs du travail, ni aussi sombres, ni aussi vertueux !

Ces excellentes observations, prononcées avec force, frappe-

rent d'abord l'Affemblée ; mais
la vue d'un deffert fomptueux où
l'Europe & les Indes étaloient à
l'envi ce qu'elles peuvent produire
de plus rare & de plus précieux,
ramena la gaieté ; le vin de Toc-
kai , l'eau des Barbades , & toutes les liqueurs les plus fines , euf-
fent bientôt effacé le noir que la
morale du Bourguemeftre avoit
répandu fur les efprits , fi , toujours
attentif à fon deffein , il n'eût ap-
puyé ce qu'il avoit dit auparavant
par cette courte allégorie.

L'Honnête , l'Utile & l'Agréable , réfolurent un jour de vivre
enfemble. L'Honnête devoit gouverner tout, l'Utile pourvoir à tout,
& l'Agréable préparer tout: Quoique leurs revenus fuffent médio-
cres , ils fe maintenoient cependant
affez bien , ils payoient leurs taxes,
foutenoient les Pauvres , & met-
toient encore en referve pour l'a-

venir : jamais Société ne fut plus
d'accord, tant que l'Enjouement
fut leur Cuisinier, la Frugalité leur
Pourvoyeuse, & l'Honnêteté leur
Intendante : s'il y avoit quelques
querelles, elles étoient bientôt ap-
paisées par cette derniere ; la Frugalité réparoit les dépenses extraordinaires, & l'Agréable mettoit partout la bonne humeur.

Après avoir joui quelque temps
de cette heureuse tranquillité, qui
est la compagne fidele de l'innocence, l'Agréable qui étoit un peu
léger de son naturel, commença
à changer la gaieté en extravagance ; il se brouilla avec l'Utile, sous
prétexte qu'on le réduisoit à une
portion trop mince. Il avoit ame-
né avec lui une troupe de Musi-
ciens, de Poëtes, de Danseurs, de
Comédiens, & prétendoit qu'on
devoit pourvoir à leur entretien
sur la dépense commune. L'Utile

lui repréfenta la folie qu'il y avoit
d'entretenir un tas de fainéans inutiles, dont la vie n'étoit qu'un tiffu
de baffeffe & d'ignominie. L'A-
gréable perfifta dans fa demande:
l'Utile jura qu'il n'en feroit rien ;
la querelle s'échauffa , l'Honnête
fut appellé pour juger le fait; mais
avant qu'il fût arrivé , la canaille
qui avoit accompagné l'Agréable, prit parti ; ils arracherent les
clefs des mains de l'Utile , bri-
ferent les coffres, s'emparerent de
leur petit tréfor , & chafferent les
deux Compagnons de l'Agréable.

A peine cette Société fut-elle
rompue , que l'Indigence fe joi-
gnit à l'Agréable , fans qu'il pût
fe défaire de cette trifte compagnie. L'Honnête & l'Utile , par
leur travail affidu & leur économie , eurent bientôt réparé leur
fortune , & fe virent en peu de

temps en état de se passer des per-
fides amis qui les avoient abandonnés dans leur désastre. L'A-
gréable vint implorer leur sé-
cours, & promit d'être plus sage
à l'avenir ; mais ils refuserent con-
stamment de l'admettre dans leur
compagnie ; ils lui accorderent
seulement, en faveur de l'Humanité qui s'étoit déclarée sa prote-
ctrice, de venir chez eux aux jours
de Fête, & en récompense de l'enjouement qu'il répandoit alors parmi eux, ils lui fournirent quelques
secours.

L'effet des remontrances de ce
sage Bourguemestre, fut tel qu'il
seroit aujourd'hui à Londres ou
à Paris ; quelques-uns les trouve-
rent ridicules, le plus grand nombre en reconnut la vérité, la pratique fut universellement négligée
de tous.

La Raison est un Athlete bien puissant sur l'Arène ; mais un moment de distraction rend inutile le fruit de ses victoires.

Je suis, &c.

LETTRE XXIII.

A M. LE COMTE D'HARRINGTON.

Sors tua mortalis, non est mortale quod optas.

Ovid. Metam. L. 2.

Leurs destins sont d'un homme, & leurs vœux sont d'un Dieu.

Voltaire, Disc. de la Liberté

MONSIEUR,

C'étoit peu chez les Souverains de l'Asie de ne montrer que le cérémonial ordinaire qui les veut élever au-dessus du reste du genre humain, pour le traiter comme un

I

vil troupeau d'efclaves; il faut les voir commander à la nature mê-me , & jouer jufqu'au bout le re-fte de la Divinité, dont on a voulu qu'ils foient les emblêmes. L'Hi-ftoire ancienne nous offre plufieurs exemples de ces Princes , qui fe croyant une ame plus qu'humai-ne , fe font portés à cet excès d'ex-travagance , de penfer qu'ils pou-voient fe faire obéir des élémens. Jufqu'ici on n'a apperçu dans cet orgueil que les faillies particulie-res de la folie de ces Princes , & non une conduite autorifée & re-çue dans le plan des anciens Gou-vernemens; mais en réuniffant ces traits finguliers épars dans l'Anti-quité , avec ceux que l'Hiftoire moderne & les Voyageurs nous fourniront, nous ferons à même de juger fi nos Hiftoriens moraliftes ont vu dans ces anciennes folies tout ce qu'ils devoient y voir.

Si nous voulions avoir recours aux Annales des Hébreux, nous y trouverions nombre d'exemples de la superbe puissance des Despotes de Ninive, de Perse, de Babylone, & d'Egypte ; qui se regardoient comme le principe de toutes choses, & comme les Maîtres de toutes les terres, de toutes les mers, de tous les fleuves, & comme les Dieux souverains de tous les Dieux de l'Univers ; mais le fiel irréconciliable des Hébreux contre tous ces Princes formidables, dont ils étoient le jouet, comme la plume l'est du vent, pourroit faire suspecter ces reproches, si nous n'y joignions point le témoignage des autres Nations.

Personne n'ignore aujourd'hui ces Anecdotes du fameux passage de Xerxès en Grece, qui nous ont transmis la Lettre impérieuse que

ce Defpote de la Perfe écrivit au
Mont Althos, pour lui ordonner
de laiffer paffer fes Armées, en le
menaçant, en cas de défobéiffance,
de le faire jetter dans la Mer. Ce
même infenfé fit encore enchaî-
ner l'Hellefpont, pour avoir caufé
le naufrage de fes flottes; & après
lui avoir fait donner trois cents
coups de fouet, comme à l'un de
fes efclaves, il l'apoftropha & lui
dit : *C'eft ainfi, malheureux Elé-
ment, que ton Maître te punit* *
Le même Auteur qui nous ra-
conte ces folies prefque incroya-
bles, attribue au grand Cyrus une
action de cette efpece, lorfqu'un
cheval confacré au Soleil, s'étant
noyé au paffage d'un fleuve, ce
Conquérant le fit couper par fon
Armée en trois cents foixante ca-
naux, pour anéantir, difoit-il,

* Herodote, L. 1.

le cours de ses eaux sacrileges *.
Un ancien Roi d'Egypte, que
quelques-uns font succéder à Ses-
toris, châtia le Nil débordé, qui
faisoit d'énormes ravages, en lan-
çant contre lui un javelot. Au
Royaume de Siam, les Rois y
commandoient aussi autrefois aux
Elémens, aux Génies malfaisans,
& aux Démons, auxquels ils dé-
fendoient de gâter les biens de la
terre ; & comme notre Roi d'E-
gypte, ils ordonnoient aux rivieres
débordées de rentrer dans leur lit,
& de cesser leurs ravages.

Ceux qui ont écrit de l'Afrique, nous ont rapporté des Anecdotes semblables sur les Souverains
de cette Région ; ils y font presque tous des Dieux de plein exercice. Les Peuples de Totoka,
ceux d'Agag, plusieurs autres voi-

* Diodore, L. I.

I iij

fins du Monomotapa, & ceux mêmes de ce grand Empire, s'adreſſent à leurs Princes dans leurs beſoins ; ils ont recours à eux pour la pluie, pour la famine, pour la contagion, & leur demandent enfin mille autres ſecours divins.

Dans le Royaume de Loango, c'eſt le Roi qui y diſpoſe de la ſérénité ; & l'une des grandes Fêtes du Pays, eſt celle où l'on va lui demander la pluie & le beau temps pour toutes les ſaiſons de l'année. Le Prince alors prend ſon arc, tire une fléche en l'air, & tout le monde eſt content. Chez les Guyaguya, c'eſt du Prince que l'on croit de même tenir les ſaiſons favorables, & l'on y a recours dans toutes les néceſſités ; ce qui lui attire beaucoup de préſens quand le Ciel eſt fâcheux *.

* Relat. de l'Ethiopie Occid.

Chez les autres Peuples Afri-
quains, où la confiance dans les
Prêtres l'emporte fur celle qu'on
a ailleurs dans les Rois, c'eſt à
ces impoſteurs que l'on va demander de l'eau & de la féchereſſe,
de l'ombre ou de la férénité ; ils
s'habillent alors d'une maniere ex-
travagante, fe chargent d'attributs & de figures ſymboliques,
montent fur un lieu élevé, frap-
pent l'air, & tirent leurs fléches
contre le ciel : comme ils ont l'a-
dreſſe d'attendre, pour faire leurs
cérémonies, l'approche des nuées,
quand on demande de la pluie,
afin de ne pas fe compromettre,
il arrive, difent les Voyageurs,
qu'ils réuſſiſſent preſque toujours,
& que le Peuple crie miracle ; ils
ont l'art de n'être pas pris en défaut, même lorſqu'il ne pleut pas ;
c'eſt, difent-ils, que les fautes du
Peuple ont détourné les nuées.

I iv

L'Amérique n'a pas moins conservé que l'Asie & l'Afrique, ces vestiges remarquables des anciennes Théocraties ; elle nous les montre même sous un point de vue plus précis que toutes les nations dont nous venons de parler ; car d'après tous les exemples que celles-ci nous donnent, on pourroit peut-être croire encore que ces usages ont eu pour principe général l'orgueil & la vanité des Princes ; au lieu que l'Amérique nous apprend qu'ils appartenoient au fond à la constitution du Gouvernement des Nations. Le Nouveau-Monde va donc nous fournir des instructions là-dessus.

Un des traits les plus remarquables de l'Histoire * & du Gouvernement des Mexiquains, est

* Histoire de la conquête du Mexique Tom. 3.

sans contredit le serment solem-
nel que leur Empereur faisoit au
jour de son sacre & de son inau-
guration. Il juroit & promettoit
que tant qu'il régneroit, les pluies
tomberoient à propos sur la terre,
& que les Fleuves & les Rivieres
ne feroient point de ravages dans
les campagnes par leurs inonda-
tions ; que les biens de la terre seroient en abondance ; que l'Empire ne seroit point affligé de sté-
rilité ; & que les hommes ne re-
cevroient du Ciel ni du Soleil aucune maligne influence : pacte singulier, sans doute, sur lequel Juste,
Lipse, & les Voyageurs, n'ont
fait que de vaines plaisanteries ;
mais qui cependant nous éclaircit
tous les usages de nos Antiquités
Orientales. Ce serment a dû en effet
être usité dans tous les Gouvernemens qui ont eu primitivement la
Théocratie pour base & pour prin-

I v

cipe : ainfi ces anciens Rois de l'A-
fie, dont on a dit tant de mal, ne
nous ont montré par leurs excès
que les vices de l'adminiftration
qu'on leur avoit remife en main.
Ce fut un fardeau immenfe dont
l'homme fe trouva chargé auffi-tôt
qu'à la place des fymboles muets
& inanimés, on en eut fait l'image & l'organe de la Divinité ; il
fallut alors qu'il commandât comme elle au ciel & à la terre ; qu'il
fût le garant de toutes les calami-
tés naturelles qu'il ne pouvoit produire ni empêcher, & la fource
des biens qu'il ne pouvoit donner.
Enfin les Nations imbécilles dans
leurs fuperftitions, l'obligerent à
fe comporter comme le Dieu &
comme les Idoles avec lefquelles
elles le confondirent, lorfqu'elles
n'auroient dû, en le mettant à la
tête de la Société, qu'exiger de lui
qu'il fe comportât toujours en hom-

me, & qu'il n'oubliât jamais qu'il étoit par sa nature & par ses foiblesses égal à tous ceux qui se soumettoient volontairement à lui, sous l'abri commun des Loix & de la Religion. Parce que les hommes ont trop demandé à leurs Souverains, ils n'en ont rien obtenu ; le Despotisme est devenu une autorité sans bornes, parce qu'on en a exigé des choses sans bornes, & que l'impossibilité où il a été de faire les biens extrêmes qu'on lui demandoit, n'a pu lui laisser d'autres moyens de manifester son extrême puissance, que celui de faire des extravagances & des maux extrêmes.

Je suis, &c.

LETTRE XXIV.

A M. LE MARQUIS DE GRAMBY.

Malo tibi sit Thersites, dummodò tu sis
Æacidæ similis, Vulcaniaque arma capessas;
Quàm te Thersitæ similem producat Achilles.
       Juv. Sat. 8.

J'aimerois mieux te voir né d'un lâche Thersite,
Et d'Achille au combat acquérir le mérite,
Que si ton pere étant de gloire revêtu,
Ta conduite effaçoit l'éclat de sa vertu.
       Trad. de Silvecane.

MONSIEUR,

Les anciens Législateurs ont
pensé qu'il étoit plus avantageux
pour le gouvernement des Etats,

que les Peuples fuſſent diviſés en deux claſſes différentes, ſçavoir la Nobleſſe & le Tiers-Etat : ils ont jugé que pour le bien de l'huma-nité en général, la valeur & la ſa-geſſe devoient être ſéparées des au-tres, & que la vertu leur donnoit le droit de conſeil & de comman-dement. Cette Loi eſt ſuivie chez toutes les Nations ; celles même que nous regardons comme ſau-vages, diſtinguent le ſage & le vaillant, en leur rendant le reſ-pect & l'obéiſſance; n'eſt ce pas les ennoblir ?

Pluſieurs Philoſophes ont re-gardé l'inſtitution de la Nobleſſe comme un fardeau à charge au genre humain ; mais alors ils n'a-voient l'œil que ſur la Nobleſſe héréditaire ; ils avouoient que tout homme qui avoit rendu quelques ſervices à ſa Patrie, devoit être récompenſé, & diſtingué par

quelques honneurs extraordinaires ; mais il leur paroiſſoit abſur-
de qu'un homme naquît Légiſla-
teur, comme ſi les connoiſſances
& la ſageſſe devoient couler avec
le ſang.

S'ils euſſent conſidéré combien
l'homme eſt naturellement porté à
aimer le bien de ſa poſtérité, ils ſe
fuſſent aiſément apperçus que le
motif le plus puiſſant des belles actions, eſt la certitude où les grands
hommes ſont que leurs deſcendans doivent retirer l'honneur &
le profit de leurs travaux glorieux.
Otez aux hommes, dit un Ecri-
vain célebre, l'eſpoir de prolon-
ger leur exiſtence, & d'être loués
au - delà du tombeau, vous leur
enleverez le germe des vertus.
D'ailleurs, on doit ſuppoſer que
ceux qui ſont deſtinés aux honneurs, naiſſent avec les ſentimens
généreux, ou que s'ils n'ont pas

tes qualités nécessaires pour les places éminentes qu'ils doivent remplir, du moins ils n'omettent rien
pour les avoir.

Combien en est-il cependant
qui du sein de la débauche & de
la mollesse, semblent n'avoir d'autre bouclier à opposer aux traits
d'une juste censure, que les noms
illustres de leurs ayeux! Ils étour-
dissent la populace du bruit de
leur naissance, tandis que par leur
dépravation & leur oisiveté ils en-
ternissent la source renommée; la
plûpart font autant de rocs élevés,
dont la cime orgueilleuse s'éleve
vers le ciel, mais dont la vue bornée par les nuages né sçauroit rien
produire d'avantageux.

Comme l'autorité est fondée
sur l'imagination, tous les sages
Gouvernemens sont extrêmement
jaloux de conserver l'honneur de
leur Noblesse; mais commence-

t-elle à dégénérer des vertus de ſes Ancêtres, ſon crédit tombe, on la mépriſe; le Peuple alors la regarde comme inutile; ſes privileges lui ſont à charge, peut-être cherche-t-il le moyen de s'en défaire.

Après que les Florentins, révoltés par la tyrannie des Grands, eurent chaſſé le Duc d'Athenes, non-ſeulement le petit nombre de Nobles, qui par complaiſance pour ce Prince en avoient mal agi avec le Peuple, mais encore tous ceux dont la conduite parut n'être pas aſſez réguliere, furent dégradés de la Magiſtrature, & déclréas incapables de poſſéder aucun emploi dans le Gouvernement.

» Il faut, dit le Pere Paul » Vénitien, mettre la Nobleſſe à » l'abri de toute maligne impu-» tation, ou n'avoir point du tout

» de Nobles. Il est ajuste, joute-
» t-il, de répandre les Charges
» dans les anciennes familles, mais
» il ne faut pas que celui qui sert
» utilement sa Patrie, en soit privé;
» c'est le vrai moyen de maintenir
» la vertu & le courage dans la No-
» blesse; jalouse de voir les emplois
» ne sortir de son Corps, que pour
» être remplis par des gens d'un
» mérite distingué, elle s'empres-
» sera sûrement de les mériter. Si
» leurs biens ne sont pas suffisans
» pour soutenir avec décence la
» dignité des Charges qu'on leur
» confie, c'est au Gouvernement
» d'y pourvoir par des Pensions «.
En effet, donner aux Nobles des
emplois à dessein de les enrichir,
est les exposer à perdre la générosité avec laquelle ils doivent
naître; l'or est un appas où se laissent prendre tous les hommes; celui qui court après la fortune, se

trouve souvent engagé malgré lui
dans mille baſſeſſes ; la néceſſité y
contraint d'abord, on s'en fait une
habitude.

Le Cardinal de Richelieu, dans
ſon Teſtament politique, dit, en
parlant des Nobles de ſon temps,
que l'Etat a droit à leurs ſervices
en conſidération des grands privileges qui leur ſont accordés ; ce
qui ne veut dire autre choſe, ſi-
non qu'ils doivent expoſer leurs
biens & leurs vies pour le bien
public. Auſſi n'entendoit-on parler que d'eux à la tête des batail-
les, & ſi les Peuples murmuroient
contre quelques-uns, il en étoit
d'autres, & c'étoit le plus grand
nombre, auxquels ils n'envioient
que la gloire de prodiguer leur
ſang & leurs fortunes pour le bien
commun.

Apprenez, eſprits ambitieux,
que ce n'eſt ni le ſang ni les ri-

cheſſes, qui peuvent ennoblir ; mais que la ſeule vertu a ce droit : c'eſt elle qui mit les anciens Romains ſur le Trône de l'Univers : leurs deſcendans s'abandonnerent-ils aux plaiſirs & au luxe, l'orgueil de Rome fut anéanti. Voulez - vous paſſer pour Nobles ? Mettez un frein à vos déſirs immodérés, réprimez vos folles paſſions, que le travail ceſſe de vous effrayer, & vous le ſerez à juſte titre. *Aucun chemin de fleurs, dit La Fontaine, ne conduit à la gloire.*

Chez les Anciens, le Temple de la vertu & celui des honneurs étoient contigus, & l'on ne pouvoit entrer dans le dernier qu'en paſſant par le premier ; ce qui a, je penſe, donné lieu au Proverbe :

LA VERTU EST LA VRAIE NOBLESSE. Les ſix Vers ſuivans du

Docteur Samſom, Evêque de Sa-
liſbury , me paroiſſent aſſez ex-
preſſifs ſur ce ſujet pour être rap-
portés :

Si proavûm decorent te ſtirps & ſtemmata
clara,
   Hæc age quæ proavûm ſtemmata clara
decent.
Sin genus obſcurum te deprimit, erige
mentem ;
   Ecce pares morimur, naſcimur ecce pa-
res.
Quin & verus honos meritis, non ſanguine
partus,
   Judice me priſcâ Nobilitate prior.

Si les titres pompeux d'une naiſſance
illuſtre
Ont tranſmis juſqu'à toi l'éclat de tes
ayeux,
Imites ſes vertus dont ils tiennent leur
luſtre,
Et tu mériteras ce deſtin glorieux.
Si dans un rang obſcur le ciel t'a donné
l'être,
Que ton ame s'éleve autant qu'il t'a
vilit :

La mort nous rend égaux, ainsi qu'on
    nous vit naître ;
Le Héros seul est grand, la vertu l'en-
    noblit.

Je suis, &c.

LETTRE XXV.

A M. LE COMTE

DE BERKLEY.

Labitur & labetur in omne volubilis ævum.

Hor. Ep. 2, L. 1.

MONSIEUR,

Le peu de santé dont je jouis me fait avec chagrin être de l'avis des Philosophes qui assurent que la matiere & le mouvement sont inséparables, & qu'il y a une circulation continuelle sur tout le globe de la terre, qui fait que tout change, & passe sous différentes formes dans l'ordre prescrit par le Tout-Puissant.

Cette même substance, disent-ils, que nous voyons éclore, croître, & se maintenir jusqu'à un certain degré, retourne à la masse élémentaire ; comme si à sa dissolution elle étoit obligée de lui rendre ce qu'elle en avoit emprunté dans son principe. Rien ne me paroît plus naturel ; je sens que ce qui constitue la nature humaine, est si foible & si fragile, que sans une innovation constante de quelques-unes de ses parties, le tout ne tarderoit pas à payer le tribut commun. Tout le monde sçait que la moindre interruption dans le cours de ce fluide pourpré qui roule au-dedans de nous, change sa forme ; non pas que le mouvement cesse, mais c'est qu'il se trouve dans la progression immédiate qui doit lui procurer une nouvelle existence.

La vie animale & végétative est

auſſi ſujette aux mêmes révolu
tions. Si nous examinons avec ſo
les choſes inanimées, nous y d
couvrirons & la même action,
le même mouvement : nous y ve
rons que quoique les changeme
qui s'operent en elles, ſoient pl
lents, & y ſurviennent d'une ma
niere plus imperceptible, elles n'e
ſont pas moins dans l'ordre ord
naire des choſes créées.

A voir le ver à ſoie tirer d'
œuf extrêmement petit une lége
exiſtence muſculaire, ſe repaît
& s'engraiſſer pendant un temps
ſuc bienfaiſant de la ſeule nour
ture qui lui convienne, ſe renfe
mer enſuite dans le tiſſu arron
d'une ſoie qu'il a filée lui-même
ſa propre ſubſtance, on diroit q
c'eſt le tombeau qu'il s'eſt form
le peu de marques ſenſibles qu
donne de ſon mouvement, conf
me d'abord cette idée ; mais lo
qu

que bientôt après on le voit, fous une figure nouvelle, s'ouvrir lui-même un paffage, jouir enfuite, fous la forme brillante d'un papillon, du peu d'heures qui lui ref-tent, pour mettre bas fes œufs, & enfin difparoître; il n'y a perfonne qui ne foit étonné, & qui ne dife avec les Philofophes : *Omnia volu-bilia in terrâ.*

Sans nous arrêter aux différentes preuves qui nous environnent, éle-vons-nous au - deffus de nous-mê-mes, & fuivons les Aftronomes dans leurs obfervations fçavantes : nous verrons qu'il y a au-delà de notre horizon un nombre infini de corps, qui, ainfi que le refte de la nature, font dans une perpétuelle agitation. Nous diftinguerons leurs révolutions, leurs concours mu-tuels ; & convaincus par nous-mêmes, nous n'héfiterons pas de les appeller avec eux des *Mondes mou-vans.*

K

Mais revenons à nous-mêmes, & considérons l'effet de ce même mouvement sur les divers tempéramens. Un homme riche, enfoui par état dans l'indolence & la mollesse, énervé par la débauche, accablé de douleurs & de remords, voit-il la vigueur mâle d'un Artisan laborieux ; il soupire avec envie, souvent même l'ingrat accuse la Providence d'injustice dans la dispensation de ses faveurs, sans considérer que les peines qu'il endure, ne viennent que de l'abus qu'il a fait de ses dons précieux. Il se crut pendant un temps le premier des hommes ; l'or sur lequel il reposoit, attira vers lui les plaisirs: flatté de les voir orner sa Cour, il devint bientôt leur esclave. Pour satisfaire ces Tyrans impérieux, l'honneur & la vertu lui parurent un léger sacrifice ; il leur consacra sa santé, ses forces, & hâta par ce

moyen la révolution qui doit réu_
nir nos cendres à la maſſe commune. Alors, mais trop tard, il reconnut ſa faute; la ſageſſe lui parut
être l'eſſence du bonheur, & con-
vaincu par ſa foibleſſe, il avoua que
celui-là ſeul eſt-au-deſſus des Rois
& des Grands de la terre, qui peut
dire avec Horace: *Mea virtute me
involvo.*

    Je ſuis, &c.

LETTRE XXVI.

A M. LE COMTE D'HARRINGTON.

Sic teneros animos aliena opprobria fæpè
Abfterrent vitiis.

Horat. L. 1. Sat. 4.

Les efprits débonnaires & doux
Se façonnent prudens à l'exemple des foux ;
Et le blâme d'autrui leur fait ces bons offices,
D'apprendre ce que c'eft que vertus & que vices.

Regnier, Sat. 12.

MONSIEUR,

Parce que je vous ai fait connoître toutes les circonftances de
la naiffance & des effets du Defpotifme, vous voulez fçavoir, dites-vous, de quelle maniere il a pris
fin chez plufieurs Peuples de la

terre, & quels sont ceux auxquels son joug ayant paru le plus intolérable, ont été les premiers à rompre leurs chaînes pour se donner un autre Gouvernement : vous me demandez ensuite quel est le genre de Gouvernement que ces Nations ont choisies, quelles ont-été les vues de ceux qui l'ont établi, & quel est le caractere de cette nouvelle Législation ? Je vais tâcher de vous satisfaire.

Parmi cette multitude de Nations anciennes qui vivoient dans un égal esclavage, l'Histoire nous apprend que c'est dans l'Europe où quelques hommes commencerent à sentir les privileges de leur nature, & la force de leurs climats. Parvenus à dessiler les yeux de leurs Compatriotes, & fatigués du Gouvernement tyrannique des anciens Rois, les Trônes de la Grece & de l'Italie furent renverſés ; la nature humaine reconnut avec plaiſir l'honneur & la liberté qu'on lui avoit ravi ; enfin le Gouvernement Républicain fut partout établi, comme le plus capable de rendre les hommes libres & heureux. Il ne faut pas vous imaginer que tous les anciens préjugés fuſſent éteints ; dans cette révolution politique les anciennes ſpéculations théocratiques ſe réveillerent , & comme elles influerent dans les nouveaux arrangemens que l'on prit , & dans les projets de liberté qu'on imagina de toute part , les antiques chimeres furent encore la ſource de tous les vices & de tous les déſordres des Conſtitutions Républicaines de la Grece & de l'Italie ; ce furent elles qui inſpirerent toutes les nouvelles Loix que l'on fit alors pour établir la liberté , l'égalité , & la félicité de chaque Citoyen ;

& comme ces préjugés avoient fait le malheur des anciennes Théocraties, ils furent de même l'origine de toutes les discordes, & des perpétuelles fermentations des Républiques, qui n'ayant que des points de vue illusoires, & de faux principes de conduite, ne purent jamais parvenir à cette assiette fixe & tranquille qu'ils cherchoient.

Comme on s'imagina que l'égalité, que mille causes physiques & morales ont toujours écartée & écarteront toujours de la terre, parce qu'elle n'est faite que pour le ciel; comme on imagina, dis-je, que cette égalité étoit l'essence de la liberté, tous les Membres d'une République se dirent égaux; ils furent tous Rois, ils furent tous Législateurs. Pour maintenir ces glorieuses chimeres, il n'est point d'Etat Républicain qui n'ait eu

recours à des moyens forcés, violens & furnaturels; le partage des
terres, l'abolition des dettes, la
communauté des biens, le nombre & la valeur des voix légiſlati-
ves, une multitude de Loix ſur le
luxe, ſur la frugalité, ſur le commerce, &c. les occuperent & les
diviſerent ſans ceſſe.

Les Républiques ſe diſoient libres, elles cherchoient toujours la
liberté, elles vouloient être tranquilles, elles ne le furent jamais;
chacun s'y diſoit égal, il n'y eut
point d'égalité; enfin ces Gouvernemens, pour avoir eu pour
objet tous les avantages à la fois,
furent perpétuellement comme
ces vaiſſeaux, qui cherchant des
contrées imaginaires, s'expoſent
ſur des mers orageuſes où, après
avoir été long-temps tourmentés
par les tempêtes, ils vont enfin
échouer ſur des écueils, ou ſe bri-

ſer contre les rochers d'une terre déſerte & ſauvage. Le ſyſtême Républicain cherchoit de même une contrée fabuleuſe ; il fuyoit le Deſpotiſme qu'il haïſſoit, & vingt fois ce même Deſpotiſme fut ſa reſſource & ſon ſoutien. Combien de fois Rome, pour ſe conſerver, oublia-t-elle qu'elle étoit République, lorſqu'elle ſe ſoumit à des Décemvirs, à des Dictateurs, & à des Cenſeurs ſouverains !

Il ſuffit, pour ſe bien convaincre que ce Gouvernement n'eſt point fait pour la terre, ni proportionné au caractere de l'homme, ni capable de faire ici-bas tout ſon bonheur, de remarquer ſon inconſtance & ſes diviſions perpétuelles, ſon peu de durée, & les limites étroites des territoires dans leſquels il a toujours fallu qu'il ſe renfermât pour conſerver ſa conſ-

K v

titution. Par cette derniere précaution, il y eut moins d'unité fur
la terre qu'il n'y en avoit jamais eu;
l'inégalité & la jaloufie des Républiques entr'elles, firent autant répandre de fang que le Defpotifme
le plus cruel; les petites Sociétés
furent dévorées par les grandes, &
les grandes à leur tour fe déchire-
rent elles-mêmes.

Ce qui eft capable de nous in-
téreffer cependant encore pour
les anciennes Républiques, & ce
qui femble parler en leur faveur,
ce font les exemples étonnans de
force, de vertu, & de courage
qu'elles nous ont toutes données, &
qui les immortaliferont fans doute. Pour ne point nous laiffer fé-
duire par les traits brillans, il ne
faut qu'examiner les caufes de
leurs vertus, comme nous venons d'examiner les caufes de leurs
vices.

Comme nous avons remarqué
que les principes théocratiques
n'avoient point abandonné les Ré-
publicains, ils éleverent leur efprit au-deſſus de l'humanité, ce
qui a fait qu'ils n'ont pu ſe ſoutenir que pour un temps : n'a-
giſſant que par excès de ferveur,
ils n'ont point été capables de ſe
maintenir dans un état qui ne
leur étoit pas propre ; les prodiges ici-bas n'y ſont point de durée, parce qu'ils ne font pas partie du cours ordinaire de la nature. Il a donc fallu que le Républicain s'élevât pendant un tems
au-deſſus de lui-même : le point
de vue de ſon Gouvernement é-
tant ſurnaturel, il a fallu qu'il fût
vertueux pendant un temps, puiſqu'il vouloit ſe modeler ſur le Ciel,
où réſide la vertu ; mais à la fin
il a fallu que l'homme redevînt

K vj

homme, parce qu'il étoit fait pour l'être.

La vertu, ce mobile nécessaire du Gouvernement Républicain, est tellement un ressort disproportionné sur la terre, que dans les Républiques de la Grece & de l'Italie elle y étoit en défaut. Comme elle sera la source de toute égalité dans le Ciel, elle sera toujours sur la terre la source de l'inégalité qu'on y veut éviter. Rome & Athenes nous en ont donné des preuves qui nous paroissent étranges, parce qu'on ne veut jamais prendre l'homme pour ce qu'il est. Les plus grands Personnages, les Citoyens les plus sages, tous ceux enfin qui avoient le plus obligé ces Républiques, étoient bannis, ou se bannissoient eux-mêmes : c'est qu'ils choquoient cette nature hu-

maine qu'on méconnoissoit ; c'est
qu'ils étoient coupables envers l'é-
galité publique par leur trop de
vertu.

Je suis, &c.

LETTRE XXVII.

A M. LE MARQUIS

DE CROSBY.

Æquam memento rebus in arduis
Servare mentem, non secus in bonis,
Ab insolenti temperatam
Lætitiâ, moriture, Deli.

Hor. Od. 3. L. 2.

Ami, puisqu'une Loi fatale
Nous a tous soumis à la mort,
Songez dans l'un & l'autre sort
A conserver une ame égale.

La Motte.

MONSIEUR,

Maintenir son esprit exempt de
toute passion violente, être tou-

jours préfent à foi-même dans tous les événemens, fe mettre en état de tout embraffer avec une main ferme & affurée, c'eft ce que l'on peut appeller le grand art de la vie.

La plus grande partie des hommes méconnoiffent cet art heureux, & ne daignent pas s'en inftruire ; ce n'eft cependant que par fon moyen que nos pas chancelans peuvent être affermis dans la carriere incertaine que nous courons ici-bas. Sur le Thrône, comme dans l'état le plus vil, cette égalité eft d'une néceffité fi abfolue, que partout où elle manque, la raifon tombe en défaut ; ce grand Pilote une fois en confufion, qu'eft-ce que l'homme ?

Plufieurs accufent leur conftitution malheureufe, & imputent à la violence du fang les différentes paffions qui les tourmentent, la caufe les effraie, & ils regardent comme impoffible d'en modérer les effets. L'exemple nous apprend que l'attention exacte & conftante à veiller fur les différents mouvemens qui nous agitent, peut corriger le tempérament le plus défectueux & le plus bouillant.

Socrates fe promenant un jour avec fes Difciples, un Phyfionomifte l'aborda, & après un examen férieux des traits du vifage de ce Philofophe : » Je fuis étonné, lui » dit-il, qu'on puiffe avoir la moin- » dre admiration pour un homme » auffi efclave de fes paffions que » vous l'êtes ; car je vois, ajouta- » t-il, que vous êtes naturelle- » ment enclin à laluxure, à la » colere, à la vengeance & à l'in- » juftice «.

A ce propos les Difciples de Socrates fe prirent à rire, & tour-

nerent en ridicule celui qui portoit un jugement si immédiate-
ment & si directement contraire
à la connoissance publique des vertus éclatantes & de la divine sagesse de ce grand Homme. Socrates leur remontra d'abord avec
douceur combien il est dangereux
de prononcer avec indiscrétion sur
des choses que l'on ne connoît pas;
il leur fit sentir l'injustice de leur
raillerie, & leur assura que ce que
cet homme avoit dit, étoit vrai,
qu'il étoit sujet de sa nature aux
plus vils penchans; mais que quelque bouillant que fût son sang,
il étoit venu à bout d'en rectifier
les effets par la Philosophie, &
par la pratique constante de la
vertu.

Il est mal-aisé, j'en conviens,
de parvenir à ce degré d'élévation; mais quel effort ne doit-on
pas faire pour acquérir un bien

ſi précieux ? Réprimer juſqu'au moindre mouvement qui peut s'élever dans le cœur, éteindre par la réflexion le feu qui pourroit s'y allumer ; veiller avec une attention fidele & aſſidue ſur toutes ſes penſées, tels furent les travaux que le ſage Socrates eut à eſſuyer, & qui le conduiſirent à la perfection : il étoit homme, pourquoi ne pourrions-nous pas attendre le même ſuccès ? Peut-être ne pourrons-nous pas d'abord ſentir les effets de cette étude ſi utile : c'eſt à la perſévérance à les découvrir ; un peu de tranquillité met en état d'aſſortir les idées de façon à n'être pas ſurpris par aucune attaque imprévue : la raiſon reprend ſon empire ; par ſon moyen on ſe trouve en état d'entreprendre les choſes les plus épineuſes, les plus fatigantes, les plus abſtraites, ſans embarras & ſans confuſion. Trop de vivacité entraîne naturellement avec foi l'irrégularité & le défordre.

M. Temple, fi connu parmi les grands Hommes, rapporte qu'ayant demandé au Chevalier Summers comment il pouvoit venir à bout de tant d'affaires fi différentes & fi embrouillées, avec tant d'expédition & de netteté; Je vais vous le dire, reprit le Chevalier. J'ai une regle infaillible qui me fait aifément furmonter toutes ces difficultés; c'eft que je ne fais jamais qu'une chofe à la fois.

En effet, lorfque l'on dit de Jules-Céfar qu'il écrivoit, dictoit, & donnoit des ordres à fes Officiers dans le même temps, je penfe que c'eft une fable, ou plutôt une flatterie inventée pour illuftrer fa mémoire; tant de chofes d'une nature fi différente devoient néceffairement troubler le cerveau le

plus ferme ; d'ailleurs, quelque va-
ste que fût son génie, il est sûr que
s'il eût fixé un temps pour chacun
de ces ouvrages, il n'en eussent pas
eu moins de succès.

Il est inutile de rapporter ici les
fâcheux inconvénients auxquels on
est à chaque moment exposé par
le défaut d'égalité d'ame. Combien de fois n'est-il pas arrivé
qu'on a épié & saisi le moment où
un homme n'étoit point en garde
contre lui-même, pour l'entraîner
dans quelque injustice ? Combien
ne s'y sont pas livrés eux-mêmes,
emportés par l'ivresse, ou par la
fougue impétueuse de leurs passions ? On a vu des Juges*, dans
l'examen d'un Criminel supposé,
laisser à leur tempérament prendre
le dessus de leur raison, & dans le

* Ces sortes de tromperies se font souvent
en Angleterre, surtout quand le Juge n'est
pas aimé des Partis dominans.

temps qu'ils vouloient engager le faux coupable à s'accuser lui - même, s'exposer à un déshonneur authentique.

Le fameux M. Holt, Juge de Paix de la Ville de Londres, étoit d'une constitution extrêmement sanguine, & dans les affaires de peu comme de beaucoup d'importance, il avoit peine à en modérer les effets. Un jeune homme qui avoit été traduit devant lui, l'avertit un jour de l'indécence des mouvemens dont il étoit agité, & lui remontra à quel point il exposoit son honneur, en s'y laissant aller avec tant de facilité. M. Holt, loin de se fâcher des remontrances hardies d'un jeune homme de vingt ans, l'en remercia, & profita de l'avis; on dit que dans la suite lorsqu'un Criminel étoit appellé devant lui pour crime, surtout qui méritoit la mort, il lui laissoit tout le temps nécessaire pour travailler à sa défense ; il lui donnoit même des conseils ; de sorte qu'on eût dit qu'il étoit plutôt son Avocat que son Juge. Ecoutoit-il les Témoins, loin d'aggraver leurs réponses, il cherchoit à en alléger les circonstances, & ne livroit le coupable aux Jurés , qu'après avoir connu parfaitement l'évidence de son crime.

Sempronius , & plusieurs autres du même rang, agissent d'une maniere bien différente ; les choses les plus grandes & les plus difficiles sont traitées avec le plus de passion ; s'agit-il du bien d'un Particulier attaqué , la protection l'emporte : remplis de vanité, ils croient, malgré leur ignorance, pouvoir suffire à tout ; & quoique impuissans par eux-mêmes , ils se croient en droit de tout entreprendre. Quel homme est sorti plus avant des bornes

de la liberté, que Sempronius ?
Quel homme a été plus affamé de
crédit & d'autorité, & en a abusé
plus indignement ? Au faîte des
grandeurs où il est placé, comment
le regarde-t-on à présent? Avec pi-
tié : vil esclave de ses penchans vi-
cieux , il est devenu l'objet de la
risée de ses inférieurs ; son Maître
le méprise.

    Je suis, &c.

LETTRE XXVIII.

A M. POTTER.

Crevit in adversis virtus.
Lucan.

Plus il fut traversé, plus il fut glorieux.
Racan.

MONSIEUR,

Vous me mandez que M. votre Frere, à force d'argent & de brigues, est enfin parvenu à obtenir l'Evêché de Durham. J'en suis enchanté, premierement par rapport à lui, parce que c'est la récompense dûe à son mérite ; j'en suis charmé en second lieu par rapport à vous, parce que les honneurs rendus à un des Membres d'une
famille

famille aussi distinguée que la vô-
tre, ne font qu'augmenter par leurs
rayons l'éclat des vertus de ceux
qui la composent. Une seule chose
me choque, c'est qu'il ait fallu bri-
guer, & gagner par des présents
les ames mercénaires dont votre
Cour est remplie. Si l'on choisis-
soit les Evêques, comme on choisit
le Chitomé ou Grand-Prêtre d'A-
bissinie, & que leur fort fût le
même, il y auroit sûrement moins
de Prétendans & moins de brigues.

Les Peuples prévenus que ce
font des hommes, & qu'ils doivent
suivre la loi fatale & commune à
tous les autres, veulent qu'ils soient
au moins distingués en ne vieillis-
sant jamais, & en ne souffrant aucune infirmité. Si ce Grand-Prêtre
devenoit caduc, ou mouroit naturellement, ils se croyoient exposés aux plus grands malheurs, &
s'imaginoient même que le Mon-

L

de étoit prêt à s'anéantir & à rentrer dans le cahos. Pour prévenir
donc de ſi grands maux, lorſque
le Chitomé étoit malade, on l'aſ-
ſommoit reſpectueuſement ; s'il devenoit vieux, on l'étouffoit, & un
Pontife plein de vigueur ſuccédoit
auſſitôt à celui à qui on n'avoit pas
laiſſé le temps de déshonorer le
Sacerdoce, que ces Peuples prétendent éterniſer par ce barbare
uſage.

Comme l'expérience donne la
ſageſſe, & que la plûpart de vos
Prélats ne poſſedent ce précieux
tréſor que lorſque la nature, affaiſ-
ſée ſous le poids des années, n'eſt
plus en état d'entendre le cri des
paſſions, il ſeroit fâcheux qu'on en
privât la terre dans le temps où ils
pourroient rendre les hommes heureux. M. votre Frere n'eût ſûrement pas été dans le cas du Chitomé ; ſes éminentes qualités euſſent

fait changer la façon de penser aux
Abissiniens ; le trouvant aussi vertueux à la fleur de son âge, ils
l'eussent cru immortel, & l'eussent
adoré avec autant de vénération,
que je suis avec sincérité, &c.

LETTRE XXIX.

A M. LE COMTE D'HARRINGTON.

MONSIEUR,

Si les Loix de la Chine avoient été faites par le Despotisme, comme vous le dites dans la derniere dont vous m'avez honoré, elles feroient sans doute son éloge ; mais dans cet Empire, comme partout ailleurs, elles l'ont précédé. Les Souverains y ont été eux-mêmes l'ouvrage de la Société, & la production des Loix vient de la même suite d'événements que chez tous les autres Peuples du monde,

C'est la même chose qui a produit
en cette Contrée le mélange des
biens & des maux qui devoient être
les suites nécessaires des premieres
institutions, & des premiers préjugés des hommes. Ce qui distin-
gue seulement les Chinois de tous
les autres Peuples, & ce qui a
contre - balancé quelquefois les
maux que les préjugés originels
ont fait naître dans leur Empire,
c'est le respect sans bornes qu'ils
ont porté dans tous les temps aux
primitives Constitutions de leurs
Ancêtres, & la vénération profonde qu'ils ont conservée pour les
anciennes Loix Civiles & Politiques, qui n'avoient point eu d'autre modele que les Loix économiques, domestiques & morales
des premieres familles. Ce rare
privilege des Chinois ne doit point
cependant nous les faire regarder
comme une espece d'hommes par

ticuliers ; s'ils ont été plus fages &
plus heureux que tant d'autres
Peuples qui avoient de même pof-
fédé ces Loix ineftimables , &
qui les ont perdues depuis fi long-
temps, c'eft à la feule fituation de
leur Empire qu'ils en ont l'obligation. Placés au bout de l'Univers,
environnés d'un côté de mers immenfes , & de l'autre de monta-
gnes inacceffibles , inconnus du
refte de la terre, qu'ils ne connoif-
foient point non plus , aucun évé-
nement extérieur n'a dû pendant
une longue fucceffion des fiecles
altérer l'économie primitive de
cet Empire. Les Loix ont eu le
temps d'y produire tout le bien
qu'elles étoient capables de faire ;
& la longue expérience de leur
utilité & de leur excellence ayant
gravé pour elles dans le cœur des
Peuples un refpect éternel, eft la
feule caufe par laquelle l'efprit

primitif du genre humain s'y est conservé, & fait encore aujourd'hui l'esprit national de cet Empire extraordinaire. Sans ce hazard, la Constitution de la Chine auroit subi sans doute en entier le sort commun à toute la terre, parce qu'elle auroit aussi en elle-même le vice commun & le germe fatal de ce Despotisme & de cette servitude qui s'y sont nécessairement établis, & qui y ont souvent produit, comme partout ailleurs, les plus grandes révolutions. Leurs fables & leur idolâtrie sont des monumens certains du regne des chimeres & des préjugés théocratiques ; le cérémonial des Empereurs, aussi-bien que la conduite & la façon de penser du Peuple à leur égard, sont encore des preuves parlantes que les hommes y ont monté sur l'ancien Trône du Roi-Monarque, & que les Rois

n'y ont été de même établis, que
pour repréfenter le fouverain Maître du Ciel, & tenir dans leurs
mains la balance du bien & du
mal, que Dieu feul étoit capable
de difpenfer à propos, & avec juftice. Loin donc de nous aveugler
au fujet de ce Peuple fameux,
nous devons au contraire nous appercevoir par tous fes ufages,
qu'il a également confervé les mau-
vaifes empreintes de fa Conftitution, comme il en a confervé les
bonnes.

L'Empereur de la Chine fe dit
fils du Soleil, on ne lui parle encore qu'à genoux, & il a été des
temps où il ne fe montroit jamais,
qu'il ne paroiffoit qu'à une fenê-
tre en certains Périodes, & qu'il
falloit fermer fes portes lorfqu'il
fortoit de fon Palais; il eft décoré, comme les Ofiris de l'Egypte, de tous les titres & de tous les

attributs de la Divinité ; il est le Souverain de la Religion, comme il l'est de la Police , & dans tous les temps il a joui d'une puissance & d'une autorité qui n'ont été restraintes par aucunes Loix humaines , quoique la Chine eût pu lui en donner de si bonnes. C'est ainsi que cette Contrée nous offre le mélange le plus bizarre de sagesse & de folie. Si nous voulions en parcourir les Annales, tantôt nous verrions les Rois se faire un singulier honneur du titre de Pasteurs & de Nourriciers de leurs Peuples, qu'ils regardoient comme leurs enfans, & nous verrions ces Peuples heureux donner le nom de Peres à ces bons Rois ; mais tantôt nous verrions aussi ces Rois devenir la honte & le fléau de l'humanité , remplir leurs Etats d'horreurs & de désespoir , & forcer les Peuples à devenir atroces, pour

L v

exterminer des familles entieres de Tyrans , ou pour appeller d'autres Barbares à leurs secours , afin de leur remettre leur liberté & leur vengeance.

Dans ces cruelles vicissitudes qui ont si souvent changé les Maîtres de cet Empire , les défauts de sa Constitution y luttoient sans cesse avec ses vertus ; la force des Loix naturelles donnoit toujours le ton aux commencemens des Dynasties , & telle étoit leur excellence , que les nouveaux Conquérans s'y soumettoient eux-mêmes en les admirant ; mais par la suite le vice caché se développoit , il se fortifioit insensiblement , & à la fin il causoit un nouvel embrâsement. Ce ne seroit donc tout au plus que dans les premiers temps de chacune de ces Dynasties , ou peut-être encore lorsque le Ciel auroit fait présent à cet Empire

de quelque Prince extraordinaire
par ses vertus personnelles , que
nous pourrions y voir le modele
d'un parfait Gouvernement : mais
qu'on ne s'y méprenne point , ce
Gouvernement n'étoit plus alors
un Despotisme. Lorsque quelques
Empereurs , dans l'excès même de
leur puissance , ont préféré au titre de Terrible & de Redoutable,
celui de Pere & de Nourrissier ,
il paroît que si ces Princes n'é-
toient point bornés & retenus par
des Loix , ils se croyoient néanmoins bornés & retenus par la raison & par les mœurs ; ensorte que
le Gouvernement de la Chine,
Despotique par sa nature , &
Théocratique dans son principe ,
se rapprochoit de l'homme , &
s'y proportionnoit, pour ainsi dire,
par le bon sens & la sagesse de ces
respectables Monarques. Dans ces
glorieux instants , où ils étoient ca-

L vj

pables de donner des loix à leur vaſte puiſſance, qui n'en avoit point, le Deſpotiſme des Souverains étoit monarchique dans ſon exercice, & c'eſt ce qui en faiſoit alors le bonheur & la ſûreté.

Qu'eſt ce, en effet, qu'un Deſpotiſme qui tolere dans ſes Etats des Corps anciens & reſpectables de Magiſtrats & de Sçavans, qui ont oſé ſouvent, & avec ſuccès, ſous les bons Princes, faire des remontrances à leur Deſpote ; lui donner des leçons & l'inſtruire ; lui dire avec autant de vérité que de hardieſſe, que l'obligation où il eſt de modérer ſa puiſſance, & de ne point abuſer de ſon pouvoir, l'établit, au lieu de le détruire, & que la gêne ſalutaire qu'il doit donner lui-même à ſes paſſions, ne le rend pas ſur la terre de pire condition que le ſouverain Empereur du Ciel, qui ne se permet que le bien ? Si un tel Gouvernement, dans ces brillantes circonstances, n'étoit pas encore tout-à-fait une Monarchie, il n'étoit pas encore tout-à-fait un Despotisme ; c'étoit une précieuse image des siecles primitifs, & de cet âge d'or si fameux, où la raison étoit encore la premiere & la seule Loi du genre humain. Je pourrois vous citer mille traits de l'Histoire, qui vous feroient juger que les anciennes Loix de la Chine ont été faites par Dieu même ; mais une voix universelle semble reprocher aux Chinois l'abus qu'ils en ont fait ; car ils n'ont pas toujours été aussi sages & aussi heureux qu'on s'imagine.

Ils ont eu parmi eux des Sardanapales, des Nérons & des Monstres, qui, sous le nom de la Divinité, & à l'abri des préjugés d'un Peuple aveugle & crédule, se sont

joués de la nature humaine. Ce font
ces Barbares, qui flattés de la folle
ambition de détruire les monumens de tous les regnes & de tous
les temps qui les avoient précédés,
afin de paſſer dans l'eſprit de la poſtérité pour les premiers hommes,
& pour la ſource & l'origine de toutes les Sociétés, ont envié aux révolutions de la nature leur triſte pouvoir, en détruiſant les vrais monumens de l'hiſtoire du Monde, pour
remettre en leurs places des men-
ſonges & des annales fabuleuſes.

D'après cet examen de la Con-
ſtitution de la Chine, & de la con-
noiſſance de la nature de ces Peuples, paſſionnés pour les coutumes
bonnes ou mauvaiſes de leurs Ancêtres, vous pouvez jetter un coup
d'œil ſur l'avenir, & prévoir ce qui
pourra arriver un jour à ce fameux
Empire, de cet attachement plus
machinal que raiſonné. Comme il

met obstacle aux préjugés de l'esprit humain, & que ce qui n'avance point, dans le moral & le politique, comme dans le physique, recule réellement, il arrivera que les Chinois seront un jour les plus malheureux Peuples du Monde, lorsque ceux qui le sont aujourd'hui plus qu'eux, se seront perfectionnés par l'usage de la raison. Enfin, comme ils n'acquierent rien, ils perdront toujours, & les changemens qu'ils subiront, seront en mal, comme partout ailleurs ils seront en bien.

Je suis, &c.

LETTRE XXX.
A M. LE MARQUIS DE BLANDFORT.

Egomet mî ignofco, Mœvius inquit
Stultus & improbus hic amor eft, dignufque
notari.

Hor. Sat. 3. L. 1.

Toujours vains, toujours faux, toujours pleins
d'injuſtices ,
Nous crions dans tous nos diſcours,
Contre les paſſions , les foibleſſes, les
vices ,
Où nous ſuccombons tous les jours.
Madame Deshoulieres.

MONSIEUR,

Vous me demandez ce que je
penſe de l'amour-propre ? C'eſt, à
mon avis, un cordial excellent, qui

lorsqu'on en ufe avec modération, réveille l'efprit, & donne de la vigueur à l'ame. L'excès, comme en toute autre chofe, eft à craindre ; il produit une efpece d'ivreffe qu'on appelle fuffifance, d'autant plus dangereufe qu'elle attaque fouvent les fibres du cerveau, & dégénere en folie ; elle attire fur celui qui a le malheur d'y fuccomber, la honte & le mépris.

Parmi ceux qui ufent de ce dangereux fpécifique, il en eft certains qui font plus fujets à s'enivrer que les autres ; cependant, quoiqu'ils fentent fort bien leur foibleffe, ils affurent qu'ils ne peuvent rien faire fans en avaler quelques gouttes ; le Monde eft plein des effets irréparables de leur folie.

On peut paffer aux Dames de s'émanciper un peu plus fur ce point que les hommes, d'autant que ce font ces derniers qui leur préfen-

tent cette coupe délicieuse, & les
forcent d'en goûter. Comme cette
merveilleuse liqueur rend leurs
yeux plus vifs, leur beauté plus
piquante, il seroit injuste de leur
en défendre l'usage. Un Censeur
délicat se contentera d'avertir Cleo-
ra, que si le goût de cette dangé-
reuse boisson la flatte encore, elle
doit au moins écouter son miroir
qui ne la flatte plus ; c'est un ami
fidele qui lui dit que, quelque éclatantes qu'aient été les fleurs de son
printemps, trente hivers n'ont pas
manqué de les flétrir. Prudella son
amie a plus de raisons de tomber
dans le même défaut, mais elle
seroit adorable, si elle pouvoit faire un puissant effort pour en sortir;
sa jeunesse & sa beauté attirent les
suffrages de quiconque la voit; elle
a des vertus qui pourroient la faire
estimer, mais elles sont chez Prudella comme dans les végétables; il

faut que le tems, ou quelques accidens les faſſent découvrir. Sans ceſſe
occupée de ſa parure extérieure,
elle ne voit pas que les ſoins qu'elle
y emploie, ne font qu'entretenir ſa
ſuffiſance inſupportable. Le deſir
de plaire fait naître la vanité d'être
aimée, la vertu n'eſt pas aſſez forte
pour ſe ſoutenir contre un ennemi
auſſi puiſſant.

Mais quelle eſt cette voix qui,
du milieu du Peuple, me crie que
j'ai tort de le cenſurer, que la Cour
eſt le cellier pernicieux où les
Grands ſe fourniſſent de ce nectar,
& que l'exemple qu'il a devant les
yeux, excite en lui la ſoif ardente
qui le dévore ? Quoique le Peuple ait ſouvent dans ſon ſein des
Sages, je me garderai cependant
bien d'écouter un avis auſſi ſuſpect.
Sçachez, vous qui vous élevez contre vos Maîtres, que quelque fou-
gueux que ſoit un cheval, on ſçait

le dompter ; il eſt vrai que pour y
parvenir, ſouvent il en coûte à celui qui le monte ; mais ſi on dimi-
nue ſa nourriture, ſi on le ſaigne, ſi
on l'épuiſe, il devient ſouple, &c.
Je ſuis, &c.

LETTRE XXXI.

A M. BELLASSISE, VICOMTE DE FAUCONBERG.

Hic aliquis de gente hircosâ centurionum
Dicat: Quod satis est sapio mihi, non ego
curo
Esse quod Arcesilas ærumnosique Solones.

Pers. Sat. 3.

MONSIEUR,

Tout le monde sçait que l'esprit & le bon sens sont absolument
différens dans leur nature & dans
leur effet. On a vu des hommes
d'un génie supérieur, qui souvent

manquoient de sens commun dans les affaires ordinaires. L'esprit est assurément une qualité bien précieuse & bien rare ; mais elle est le seul fruit de l'imagination : le bon sens au contraire prend sa source dans le jugement, & n'agit qu'après une délibération mûre & raisonnable.

L'esprit, comme un éclair, peut être à la fois surprenant & dangereux ; le bon sens toujours utile ressemble aux rayons bienfaisans du Soleil, qui, quoique obscurcis quelquefois, ne laissent pas de réchauffer la terre. Un homme purement léger peut lancer quelques traits d'esprit au hazard, & quelques-uns faire leur effet : l'homme de bon sens ne peut être connu qu'après une longue étude : l'un attire d'abord l'admiration, l'autre emporte avec lui l'estime générale : le premier est une agréa-

ble connoissance, le second est
un compagnon estimable pour la
vie.

On peut distinguer deux especes de bon sens ; la premiere, qui
consiste dans la façon de parler,
ou d'écrire ; l'autre instruit & dirige l'homme dans la vie habituelle
& dans les affaires. On les connoît en général sous les noms de
génie & *d'économie* : l'une est le lot
des gens flegmatiques, exempts
de passions, ou qui sont animés
par un feu étranger ; l'autre est
l'effet d'un entendement sûr & de
sensations exquises. Si les premiers
sont à blâmer pour négliger l'é-
conomie, les seconds ne le sont
pas moins pour mépriser les talents qu'ils ne connoissent pas.

Tous les hommes en général
ont quelques points de vue fixe,
qu'ils suivent avec toute l'ardeur
imaginable. Comme ils le choi-

fissent eux - mêmes , l'orgueil le
leur fait regarder comme le seul
objet auquel on puisse s'attacher.
Sur ce principe , l'homme d'affaires se rend esclave de son état , &
croit l'étude des Lettres indigne
de son attention. D'un autre côté ,
celui qui s'applique aux sciences ,
regarde avec mépris ces créatures
rampantes , dont l'ame , dit - il ,
semble être resserrée dans les bornes étroites de leur négoce.

Le long usage se change à la fin
en nature ; un homme consommé
dans quelque Profession ne sçauroit imaginer qu'il soit possible de
s'en dégager pour s'appliquer à
l'étude des Sciences & des Arts :
il ne conçoit pas même qu'on
puisse s'en amuser ; qu'un Sçavant
veuille s'adonner aux affaires , que
d'ennuis il se prépare! Si les premiers sont sujets à moins de fautes , ils ont aussi moins de vertus ,

& les absences auxquelles les gens de Lettres sont sujets, sont assez réparées par leurs travaux, & par maint autres qualités dont ils brillent. Il est vrai que souvent elles servent plus à leur condamnation, qu'à les justifier, parce que, quelque étendues que soient leurs connoissances, on demande toujours avec envie pourquoi ils n'en ont pas davantage ; & plus leur mérite croît, plus ils sont obligés d'en donner des preuves. La raison de cette sévérité à leur égard est la satisfaction infinie que tout le monde sçait qu'ils trouvent à la poursuite de la science ; ce que l'homme d'affaires n'a pas. Ce dernier est toujours enfoui dans une répétition continuelle des mêmes objets : tandis que l'imagination toujours en mouvement chez celui-ci, lui représente les choses sous mille formes aimables ; un nom-

M

bre infini d'idées féduifantes fe
fuccedent les unes aux autres
avec tant de rapidité, qu'on diroit que l'accompliffement des
unes femble en produire naturellement de nouvelles, plus agréables
que les premieres.

L'efprit lourd & rêveur de
l'homme d'affaires fe fixe au feul
point de devenir riche, il y borne toutes fes idées : ce qui pré-
ferve fon crédit, & augmente fa
fortune, lui fait un plaifir fenfi-
ble ; comment pourroit-il être
tenté de fe détourner d'un objet
favori qui l'enchante, pour courir à des peines réelles ? Aucun
motif ne l'y engage, il ne fçauroit être excufable s'il le faifoit.
Au contraire, l'homme de génie
n'en feroit pas moins eftimé pour
avoir l'œil fur fes propres affaires ; ce feroit le vrai moyen d'ex-
pofer fes talens dans un plus grand

jour. Il lui en coûteroit à la vérité ; mais en modérant ses plaisirs, ils les rendroit plus durables ;
au milieu de ces pensées brillantes qui, selon lui, l'égalent aux
Dieux, il ne se trouveroit pas réduit, comme il n'arrive que trop
souvent, à l'état de cet homme
dont parle Horace, lorsqu'il dit :
*Mancipiis locuples eget æris Cap-
padocum Rex.*

Rufus fut destiné au commer-
ce à l'âge de quatorze ans. Parfaitement instruit dans l'art de
soustraire & de multiplier, il l'employoit avec adresse, lorsque son
intérêt particulier l'exigeoit : aussi
vint-il à bout en peu de temps de
changer la médiocrité de sa fortune en une opulence digne d'envie. Rufus est riche, mais il est
malheureux ; de toutes les passions
qui assaillent d'ordinaire le cœur
humain, l'avide soif de l'or est la

seule qu'il daigne écouter ; il souffre la faim au milieu des richeſſes, ſes héritiers rient de ſa folie :
Pauvre Rufus ! tu es richement
aveugle.

L'éducation de Liberus a été
toute différente ; à peine ouvrit-il
les yeux, que les premiers objets
qui l'environnerent, furent des Livres & des Maîtres ; ſes connoiſſances s'augmenterent avec l'âge ;
& enfin, après une longue étude
des Poëtes anciens & modernes,
il parvint à obtenir un rang diſtingué parmi eux. Chargé des lau-
riers du Pinde, que devint Liberus ? Trop attentif à orner ſon eſprit, il avoit négligé le ſoin de
ſon cœur ; auſſi ne fut-il point en
garde contre les piéges du ſiecle.
L'aſſiduité de ſes travaux exigeoit
quelques délaſſemens, il les prit ;
mais lorſqu'il croyoit ne ſe livrer
qu'au plaiſir, il s'enfouit dans la dé-

bauche. Liberus pauvre, déshono-
ré, n'a plus d'autre satisfaction que
celle de chanter ses peines. Que
l'esprit qui brille dans ses Ouvrages
eût eu d'éclat, s'il l'eût employé
à modérer ses passions, & guider
sa conduite !

Je suis, &c.

LETTRE XXXII.

A M. LE BARON DE WARKWORTH.

Sic honor & nomen divinis vatibus atque Carminibus venit.

Hor. Art. Poet.

MONSIEUR,

Les Connoisseurs en Peinture nous disent qu'un pinceau libre & hardi trouve vingt admirateurs, tandis qu'une Piece réguliere & finie n'attire l'attention que d'un très-petit nombre. Il en est de même dans la conversation, où un homme d'un esprit agréable est généralement plus estimé que celui qui a le jugement folide. Il n'eft pas difficile d'en deviner la caufe; tout ce qui eft vif & gai frappe l'imagination & la féduit; il faut de l'attention pour connoî-tre le vrai mérite de ce qui eft exact & folide. Comme la plus grande partie des hommes de nos jours fe laiffent gouverner par l'i-magination, & que peu prennent la raifon pour guide, tous pen-fent que l'on peut méditer à l'é-cart, & n'ont d'autre but que de s'amufer dans la converfation.

Ce que je viens de dire de la Peinture, & des ufages de la So-ciété, peut également s'attribuer aux Belles-Lettres. Si nous jettons un coup d'œil fur les Ouvrages des Sçavans, nous verrons qu'à l'exemple des grands Maîtres dans l'Art de peindre, ils doivent plu-tôt leur réputation à l'éclat de leur beauté extérieure, qu'à leur

M iv

bonté réelle ; c'eſt la raiſon pour laquelle, dans l'un comme dans l'autre , un génie vaſte & nouveau l'a toujours emporté ſur un génie délicat & juſte.

A qui Homere , ce Prince des Poëtes , doit-il cette réputation , que la longueur des temps n'a fait que rendre plus éclatante , ſi ce n'eſt à la force de ce feu divin qui anime tellement ſes Ouvrages , que la proſe de nos plus fades Traducteurs n'a pû en diminuer la vivacité ? On trouve cependant les mêmes beautés dans Virgile , & dans quelques autres Poëtes Grecs; mais la hardieſſe du pinceau original a faiſi l'admiration de tous.

On peut dire la même choſe d'Horace ; il eſt original dans ſon eſpece , & quoiqu'il ait continuellement les Grecs en vue , il n'en charme pas moins ſes Lecteurs. Auſſi grand dans les éloges qu'il prodigue à ſon Prince & à ſes amis, que tendre & délicat aux pieds de ſa Maîtreſſe, ſon génie vaſte & pompeux ſemble tranſporter au-deſſus de l'humanité quiconque lit ces Pieces raviſſantes dans leſquelles il entretient tout le feu de Pindare, ſans en avoir la fumée. Parcourons les Auteurs de nos jours, & nous trouverons beaucoup plus de preuves de la propoſition que j'ai d'abord avancée.

Boccalini paſſe pour être vraiment original : quoiqu'il ſemble y avoir quelque affinité entre ſes Ecrits & ceux de Lucian, il n'eſt pas poſſible de les appeller imitation. Tout le monde ſçait avec quelle avidité ils furent lus dans leur naiſſance, & l'eſtime générale qu'ils ont conſervée juſqu'à préſent, eſt une preuve de leur bonté,

Montagne eſt auſſi un Auteur original , qui foudroya tous les Ecrivains de ſon temps ; ce grand Philoſophe n'eut perſonne à imiter, les découvertes immenſes qu'il a faites dans la nature humaine , ſont inimitables.

Cervantes & Rabelais ſont des originaux tous deux très-plaiſans , & pourtant très-oppoſés. L'Eſpagnol l'emporte de beaucoup ſur le François , ſoit par la matiere qu'il a traitée , ſoit par la façon dont il l'a fait. Si Rabelais trouve plus de Commentateurs que l'autre , c'eſt parce que ſa hardieſſe tient de l'extravagance ; le premier amuſe un homme ſenſé , ſans cependant le forcer à ſourire ; l'autre , par ſon extrême gaieté mêlée d'érudition & d'impertinence, fait rire le plus ignorant : il faut entrer dans l'eſprit de Dom Quichote avant de pouvoir ſe plaire à la lecture du Livre de Cervantes ; & celui qui connoît l'Histoire de Gargantua & de Pantagruel, n'y trouve plus autant de plaisir, que lorsqu'il est obligé de la deviner ; en un mot, l'un est le Héros de tous ceux qui ont le goût de la fine plaisanterie, on l'admire ; on rit une fois avec Rabelais, & l'on méprise son Livre.

Les Anglois ont aussi des Auteurs originaux ; leur Hudibras peut être appellé avec raison la quintessence de l'esprit : *C'est*, dit Voltaire, *Dom Quichote, c'est notre Satyre de Menippée fondus ensemble ; c'est de tous les Livres que l'on puisse lire, le plus rempli d'esprit & d'agrémens.* Ceux qui se plaignent de son obscurité, ont moins de raison d'accuser l'Auteur, que leur propre capacité : qu'ils apprennent l'histoire de leur propre Pays, & ils auront autant de plaiſir que de ſatisfaction à voir dans le Tableau poétique du ſiecle qui les a précédés des hommes auſſi ſinguliers, que le Poëte qui les a dépeints eſt excellent.

Le *Tale of a tub* eſt une eſpece d'Hudibras, qui a (dit un Critique) tout le mérite de Rabelais, ſans en avoir la foibleſſe. Le *Pligrim progreſſ* dè Jean Buynam eſt un original d'un genre tout oppoſé ; comme il eſt ſans érudition, il eſt auſſi ſans art : l'expreſſion eſt ſi naturelle, ſi juſte, & tellement liée avec le ſtyle, qu'il eſt difficile de trouver une allégorie auſſi bien imaginée & ſi bien ſoutenue.

Peut-être trouverez-vous extraordinaire l'hommage que je rends à cet Ouvrage ſacré, vû que l'Auteur ne s'eſt pas adonné à l'étude des Sciences ? Le ſuccès qu'a eu ſon Livre, ſoit en Angleterre, ſoit chez les Etrangers, juſtifie mon apothéoſe. D'ailleurs, à réfléchir ſainement, il me ſemble que le bon ſens eſt de toutes les Langues, que quelque imbus que l'on puiſſe être des Auteurs Grecs & Latins, on penſe dans la Langue de ſon Pays ; & j'oſe dire avec Phedre, que pour ce qui regarde l'invention, tous les hommes ſont égaux :

Sua cuique cum ſit animi cogitatio,
Colorque privus.

Phœd. Prol. L. 5.

J'ai rappellé ici l'Ouvrage de Jean Buynam, pour vous montrer que ceux qui ne connoiſſent que leur Langue naturelle, n'ont pas moins de droits à la réputation que les autres. L'accueil favorable que l'on fait à une choſe médiocre, mais neuve, plutôt qu'à une qui ſeroit meilleure, & qui ne ſeroit qu'une imitation, doit vous encourager

à vous frayer des voies nouvelles,
plutôt que de vous engager dans
des chemins déja connus.

Peut-être ferois-je venu plutôt
à bout de vous persuader , si je
vous eusse représenté le fort des
Imitateurs, leur décadence gra-
dative, ou la source de la renommée de quelques-uns : si j'eusse ,
par exemple , comparé Virgile
avec Homere , Lucan avec Virgile , Stace avec Lucan , ou si je
vous eusse fait voir que la Hen-
riade de Voltaire , & le Paradis
perdu de Milton , font tous deux
imités , quoique dans leur Pays
on les regarde comme originaux ;
mais comme je fçais que de quelque façon qu'on vous présente la
vérité , elle ne vous est pas moins
fensible , & n'en a pas moins fon
effet , je me contenterai de vous
faire obferver, que si les beaux efprits de notre fiecle exerçoient un

peu plus la vivacité de leur imagination, & s'occupoient moins à
imiter, peut-être pourroient - ils
découvrir des routes nouvelles, qui
les conduiroient plus aisément à
l'immortalité.

Je suis, &c.

L'UTILITÉ

DES PASSIONS MODÉRÉES.

DISCOURS.

IL n'y a rien d'inutile dans la nature : tout ce qui exiſte a une fin, mais les hommes s'écartent ſouvent des moyens qui y conduiſent, & cet égarement fait leur malheur. Les beſoins & les ſecours, les forces & les foibleſſes, lient tous les Eſtres ; & dans ces rapports mutuels & néceſſaires, l'Eſtre ſuprême manifeſte ſon pouvoir immenſe, & ſa ſageſſe profonde. A notre indigence il oppoſe les dons inépuiſables de la terre ; & ſi nous ſommes aſſujettis à une infinité de beſoins, il veut

que le plaisir qu'on trouve à les
satisfaire, couvre ce qu'il y a de
bas & d'humiliant dans cet assu-
jettissement : partout une économie admirable ; partout une bonté infinie. L'homme a répondu à
ces bienfaits par une aveugle ingratitude. Il n'a pas été au-devant
des présents de la Nature ; il les
a poursuivis, il en a fait son Idole ; il étoit dans une dépendance
utile, il est devenu esclave mé-
prisable, il s'est laissé entraîner à
des mouvemens excessivement violens ; l'ordre a été troublé, l'harmonie a été détruite.

Ainsi les Loix divines & humaines, & ces Ecrivains respectables qui ont consacré leurs plu-
mes à la Religion & à la Vérité,
combattent, détestent, proscri-
vent ces désirs immodérés, ces
passions violentes, suites d'un affreux aveuglement, sources des

crimes & des malheurs du Monde. Ainsi la raison, qui peut être
obscurcie, affoiblie, mais qui n'est
jamais entierement éteinte, dicta
à des hommes environnés des ténebres du Paganisme, ces Loix
sages qui condamnent & qui pu-
nissent l'excès de ces passions. Sou-
mettons - nous, aimons, respec-
tons, suivons ces Loix divines &
humaines, & que le glaive soit
toujours levé sur les têtes rebelles; mais ne confondons pas avec
ces excés qui rendent l'homme
malheureux & criminel, les agitations & les mouvemens qui con-
viennent à un Estre qui pense, &
dont le cœur est fait pour être
ému. L'homme sans passions est
un être de raison; l'homme qui
a des passions est un homme, &
celui dont les passions sont ré-
glées, est un homme raisonnable. Tout émane d'une Provi-

dence infiniment sage ; elle nous a placé dans différents états, & elle a permis que les passions en dirigeassent les mouvemens, parce qu'elle a prévu que les passions modérées peuvent animer & embellir la Société, sans la corrompre. C'est dans cet esprit que les Loix les avouent, & que la Religion les tolere ; elle les interdit seulement à ceux qui sont toujours sur le penchant du vice, & dont les desirs sont plus forts que la raison. C'est cet esprit seul qui doit éclairer & conduire nos passions, si nous voulons qu'elles aient pour objet les avantages de la Société en général, & le bonheur des hommes en particulier.

La suprême Sagesse, à qui tous les événemens sont présens, a permis que les passions naquissent dans le cœur de l'homme avec lui-même, pour vivifier & varier le monde à l'infini. C'est à ces puiſſans reſſorts à qui l'eſprit doit ſa vivacité, ſa pénétration, ſon étendue. Sans eux les plus pré-cieux dons de la Divinité, les fa-cultés de notre ame ſeroient oiſi-ves ou inutiles; ſans eux, dans une indolente langueur, dans une ſtu-pide indépendance, nous ne con-noîtrions pas cette heureuſe néceſ-ſité qui nous rend utiles les uns aux autres, nous lie par un commer-ce qui fait les richeſſes, les agré-mens, & les douceurs de la So-ciété.

Si les paſſions ne ramenent pas toujours l'homme dans la voie du devoir, elles le rapprochent de l'ordre, en le conduiſant à l'uſage des biens qui lui ſont deſtinés : la fin juſtifie les moyens. Nos deſirs ne feroient jamais notre malheur, ſi nous ne nous écartions pas des

vûes de la Providence, qui veut
qu'ils servent à la liaison & à la
conservation des Estres. Les ger-
mes des passions ont été sagement
mis dans le cœur de l'homme,
pour l'animer & le nourrir ; mais
la main qui les a placés n'en a pas
borné les progrès ; c'est à la raison à respecter la cause & à régler
les effets.

L'homme est fait pour la Société, & ce sont les passions qui
le rendent à son état naturel, en
lui fournissant mille desirs auxquels il ne sçauroit suffire ; elles le
forcent à se rapprocher de ceux
qui pourroient le seconder : ceux-
ci prêtent des secours qui seroient
inutiles, sans les besoins de ceux-
là. Ils ne sont riches que de l'indigence des autres, & de ces mu-
tuels besoins naissent les liens qui
forment l'harmonie admirable de
la Société. Sans ce merveilleux

accord, le chef - d'œuvre de la Toute - puiſſance ſeroit confondu avec les plus viles créatures. Borné à des beſoins peu nombreux, diſperſé, iſolé, ſans mœurs, ſans douceur, ſans humanité, il ne connoîtroit pas les avantages d'une réunion qui va au-devant des deſirs, & qui, rendant les intérêts communs, multiplie les forces & les lumieres.

Sans les paſſions, la langueur, la baſſeſſe, les ténebres, ſeroient le partage de la Société, ſi la Société pouvoit exiſter ſans les paſſions. Elles ont développé, étendu, multiplié les connoiſſances de l'homme; elles lui ont appris que la terre eſt ſon domaine; elles ont pour ainſi dire fait valoir ſes droits. A l'aide de ces Guides, il fut chercher au loin des productions dont ſes deſirs firent connoître l'utilité. Son adreſſe précipita

les oiseaux du haut des airs ; il sçut
arracher les poissons du fond des
eaux ; aux antres & aux cavernes
succédèrent des bâtimens qui devinrent bientôt de superbes Palais.
Les dépouilles informes des animaux lui parurent trop grossieres,
& respirer un air féroce ; il les
adoucit, il les travailla, il les ap-
pliqua à ses besoins, & imagina
des vêtemens auxquels la Colchi-
de & la Phénicie suffiroient à peine. Tout prit sous ses mains une
forme nouvelle : son cœur insatiable desira ce qu'il ne connois-
soit pas : les obstacles ne purent
l'arrêter ; il ne fut point effrayé
de l'immensité des mers, elles lui
parurent destinées à couvrir de
profonds abîmes qu'il n'auroit jamais pu traverser sans elles, &
à le rapprocher des lieux qu'il
alloit découvrir ; il s'y livra, &
fit servir à ses desseins le plus

indocile des élémens.

De ces heureuses hardieſſes na-
quirent la navigation & le commerce : art admirable à qui nous
devons tant de découvertes & tant
de richeſſes : ſource intariſſable de
biens qui porte ſous le ciel le plus
dur les productions des climats
les plus doux , & qui fait connoître aux heureux climats que les
lieux les plus ſauvages fourniſſent
des choſes utiles : nerf & ſoutien
des Empires , qui lie tous les hommes , & qui fait de l'Univers une
ſeule Patrie ; reſſource abondante
que nous devons aux paſſions &
aux beſoins multipliés des hommes.

L'aiſance , la richeſſe , enfans
de l'induſtrie & du travail , furent
les fruits de ces pénibles cour-
ſes , & de ces heureux échanges ;
ces biens furent deſirés dès qu'ils
furent connus. Semblable à ces

terres

terres nouvelles, avides des premiers grains qu'on leur confie, l'homme ouvrit tout son cœur à ces objets; son imagination les embellit, il abandonne son ame à l'ambition. Les terres sont mieux cultivées, les troupeaux deviennent plus nombreux, l'homme se fait des enceintes régulieres, il y prépare ce qui doit lui servir à pénétrer dans des lieux éloignés, ou à traverser les mers. Dans une salutaire agitation, les projets les plus vastes, les entreprises les plus difficiles, l'occupent successivement; son esprit lui fournit une infinité de ressources; il imagine mille moyens que son adresse, son activité, que ses soins rendent faciles. La Société devient un assemblage de Laboureurs infatigables, d'Artisans industrieux, de Commerçans laborieux & vigilans; chacun se porte avec viva-

N

cité vers des biens qui donnent l'abondance aux uns, qui font l'eſpérance des autres, & qui tenant ſans ceſſe tous les cœurs en haleine, font le bonheur de tous.

Tels furent les effets de l'ambition ; paſſion utile, paſſion bienfaiſante, que des maximes auſteres, qu'une morale peut-être trop ſévère voudroit en vain bannir de la Société. Si l'ambition démeſurée cauſe des déſordres, c'eſt que peu d'hommes ſçavent maîtriſer leurs penchans ſans les détruire ; c'eſt que le mal eſt ſouvent à côté du bien ; mais cette ambition odieuſe ne fut jamais le partage de l'homme raiſonnable, & ne ſçauroit faire la gloire & le bonheur des Peuples. La Religion & l'équité ſont également bleſſées par l'excès & les injuſtices qui ſuivent toujours les deſirs immodérés. L'humanité eſt révoltée

à la vue d'un Conquérant cruel &
farouche, qui fait de la terre un
théâtre fanglant. Que la morale
s'éleve donc contre ces ambitieux;
mais qu'elle épargne, qu'elle ref-
pecte cette fage & vertueufe ambition fans laquelle les Etats ref-
tent dans la langueur & dans le
mépris : qu'elle pardonne même
quelquefois à cette ambition qui
à pour compagne l'éclat & la magnificence. Cette paffion avec cette fuite brillante , fait la grandeur
& la puiffance des Empires ; elle
répand à pleines mains l'opulence
& les richeffes dans les Villes ,
elle en multiplie les Habitans ;
elle aide à fauver l'homme de
cette inaction & de cet ennui qui
laiffent l'ame fans nourriture, l'efprit fans fonction , le corps fans
vigueur , & qui , en arrêtant
le mouvement , détruit la Société.

N ij

L'ambition fut la source de mille biens : c'eſt, ſous différentes formes, la paſſion de tous les hommes. Dans les Souverains, c'eſt le deſir des conquêtes; dans les Sujets, c'eſt la cupidité; c'eſt la ſoif des richeſſes, c'eſt l'amour des louanges : mais tous ces deſirs ſont comme des branches qui ſe plient, qui ſe répandent, qui s'échappent çà & là, mais qui n'ont qu'un même tronc pour principe. Une foule d'idées ſuivit naturellement de cette variété de deſirs. On comprit qu'il devoit y avoir une liaiſon intime entre les productions de la nature, & les beſoins de l'humanité; la matiere variée à l'infini, parut avoir un centre commun à l'homme : chacun s'empreſſa de rapprocher des choſes qui n'étoient point deſtinées à être ſéparées ou inutiles. Les paſſions firent cette heureuſe réunion. Elles

fouillerent dans les entrailles de
la terre pour chercher des métaux
qui coûtent des siécles à la nature, & qu'elle ne produit pas en
vain ; en cherchant les plus utiles, on trouva les plus précieux ;
la nature sage dans ses ouvrages,
réunit presque toujours l'utilité &
le plaisir. Ces passions abattirent
des arbres, à la nourriture des-
quels tous les élémens ne concou-
rent pas pour qu'ils ne soient
que le jouet des vents, & qui,
sous mille formes différentes, servent à nourrir l'homme, à le lo-
ger, à décorer des édifices somp-
tueux, & à lui ouvrir des mers
immenses. Elles sçurent extraire
des plantes des sucs délicieux, salutaires, qui réparent ses forces,
ou rappellent la santé. Elles mirent la derniere main au merveilleux ouvrage de la mouche & du
vermisseau, en les pliant à une

N iij

infinité d'ufages qui fatisfont à fes befoins, ou qui fecondent fes plaifirs. Elles foumirent, elles affocierent à leurs mouvemens les animaux utiles, dont les difpofitions, la docilité, l'inftinct, & les fervices, montrent les deffeins de la main qui les forma. Enfin elles dévoilerent, elles expoferent, elles étalerent tous les tréfors de la nature, où chacun, felon fon goût, fes talens & fes inclinations, vint choifir fes richeffes & fon bonheur ; & ce choix forma toutes ces mains laborieufes, & ces Ecoles des Arts, d'où fortirent & fe multiplierent tant de Citoyens induftrieux.

Mais qui font les Spectateurs de tous ces mouvemens, qui paroiffent tranquilles au milieu d'une multitude agitée ? Sont-ils infenfibles au bonheur de la Société ? Sont-ils encore enfevelis dans les ténebres de l'inaction? Sont-ils sans paffions? Sont-ils les feuls malheureux? Non, non, la nature ne manque ni de reffources, ni de dédommagement: elle diftribue les talens avec une économie admirable, & ceux-là font feuls à plaindre, qui méconnoiffent cette diftribution. Ces hommes livrés à un repos apparent, étoient vivement touchés, étoient fortement émus. Ces paffions nobles & diftinguées qui font l'apanage de l'efprit, & qui éclairent prefque toujours le cœur, furent leur partage. Ils s'attacherent à modérer, à régler les penchans trop violens des uns, & à fournir à l'art des autres des méthodes & des principes. Le Conquérant à qui l'impétuofité de la guerre ne permet pas de réflexions, qui font le fruit d'une infinité de combinaifons, apprend du Politique

confommé à ne pas fuivre un courage qui rendroit fes victoires inutiles ou funeftes. Le Pilote habile, guidé, fecondé des lumiè-
res & des calculs du vigilant Af-
tronome, & du Géomettre profond, fe fraie une route affûrée à
travers mille écueils, & conduit
fa frêle barque dans un autre
Monde.

La Société n'eft véritablement
enrichie, que lorfque des principes conftans fixent l'ufage des
nouvelles découvertes ; les Arts
fans les regles ne font que des
effais. Ainfi le Philofophe qui paroît tranquille dans le centre du
mouvement, eft plein du defir
de donner des regles, de fournir
des préceptes : il obferve, il ré-
fléchit, il médite, il pefe l'air,
il fonde les abîmes, il analyfe la
lumiere. Sçavant témoin de l'ordre harmonieux de l'Univers,

confident de la nature, il péne-
tre dans ses mysteres ; à l'aide
d'un verre, ouvrage de son indu-
strie, il rapproche ces masses lu-
mineuses qu'un énorme éloigne-
ment sembloit dérober à ses recherches, il les compare, il les
mesure, il les suit dans leur cours
rapide, il prévoit & fixe leur
concours ; & descendant de cette
sphère sublime par la chaîne divine qui lie tous les Estres, il admire leurs rapports mutuels, &
conduit le bras de la multitude, à
qui la force est plus nécessaire que
les lumieres.

Desir de sçavoir, soif insatiable de connoissances, vous élevez
l'esprit humain jusqu'au Trône
invisible d'où l'Estre suprême
peupla l'Univers de miracles ;
vous éclairez un hommage qui
s'adresse à l'Auteur de toutes lumieres ; que feroient de plus les

N v

vertus, quels services plus essen-
tiels rendroient - elles à la Société ?

Les progrès des Sciences, les
talens de l'esprit, sont d'autant
plus utiles à la Société, qu'ils
portent sur les mœurs. Cette variété de méthodes, d'instructions,
de préceptes, que l'on dut à l'a-
ctive oisiveté de ces génies sublimes, produisit l'habitude de
penser & de réfléchir ; & de cette
habitude fortifiée par la raison,
suivit la douceur dans les mœurs,
qui, sans affoiblir les affections
des hommes, les dépouille de ce
qu'elles ont de farouche. A des
saillies grossieres elle substitue
des sentimens ; la passion la plus
naturelle, la plus générale, la
plus vive, devient la plus déli-
cate ; le cœur est vivement inté-
ressé, l'esprit fait des efforts pour
seconder le cœur, & ce concours

qui adoucit les uns, qui polit les autres, répand sur tout le caractere affectueux qui fait les agrémens de la Société, & que nous devons essentiellement à une passion à laquelle une main puissante n'a soumis tout ce qui respire, que parce que tout ce qui respire lui doit l'être.

Telles sont les suites, tels sont les effets, les avantages des passions, sources de biens d'où s'échappent aussi des maux. Elles sont aux hommes ce que les élémens sont à la nature ; ceux-ci causent quelquefois des désordres; mais leur combat, leur opposition, leur mélange cede à une force supérieure, & concourt à une fin générale, à l'harmonie, à la magnificence, à la conservation de l'Univers. Ainsi les passions violentes, excessives, jettent dans le trouble & dans l'horreur quelques

victimes d'un affreux déréglement ; mais si elles sont modérées, tempérées par la raison,
fondues avec art dans les actions
des hommes, elles varient, elles
animent, elles embellissent, elles
éclairent la Société. Prévenons
l'incendie, mais n'éteignons point
des feux si salutaires ; sans ces puissans mobiles tout languiroit dans
un triste repos ; ils font l'ame &
la vie des hommes, qui deviennent malheureux dès qu'ils n'o-
béissent plus à ces Maîtres néceffaires.

Injustes & précipités dans nos
jugemens, nous accusons les paf-
sions de s'opposer à notre félicité, sans considérer que nous leur
devons souvent le bonheur dont
nous jouissons. Nous les confondons toutes avec ces mouvemens
immodérés qui agitent violemment, qui tyrannisent implaca-

blement, & qui caufent des défordres affreux ; mais ces paffions
font des monftres, & les monftres
font à la nature ce que les exceptions font aux regles.

La Société, femblable à un arbre dont toutes les branches fleu-
riffent par la circulation de la
même fêve, ne peut s'être embellie & enrichie de tous les biens
que les paffions lui ont fournies,
fans que chacun de nous participe
à ces avantages. Si cette fêve eft
interceptée, fi elle ceffe de fournir à quelques rameaux la vivacité, la vigueur, la fanté difpa-
roît, pour faire place à la langueur, à la féchereffe, à la mort.
C'eft une fource intariffable qui
circule dans une infinité de ca-
naux, qui arrofe, qui rafraîchit,
qui défaltere, & qui porte l'a-
bondance. Si nous nous éloignons
de cette fource, fi nous fermons

notre cœur aux paſſions, plus d'i-
mages agréables, l'eſprit n'a plus
ni rapports ni combinaiſons ; le
cœur n'eſt point agité, il eſt ſans
mouvement, il eſt ſans vie, nous
ſommes malheureux. Qu'on ne
diſe point que cet état de paix
tient l'ame dans une heureuſe tranquillité ; c'eſt plutôt une inaction,
une langueur, qui la laiſſe ſans
nourriture, & qui la conſume.
L'état le plus naturel aux Eſtres,
celui qui leur convient par eſſence, c'eſt la poſſeſſion de ces propriétés ſans leſquelles ils ceſſe-
roient d'être dans l'ordre, ſans
leſquelles ils ne ſeroient plus ce
qu'ils doivent être. Le mouvement eſt la vie de l'ame ; c'eſt le
principe de toutes ſes affections ;
c'eſt une nourriture dont elle eſt,
pour ainſi dire, toujours affamée.
De-là le penchant invincible des
hommes pour tout ce qui les re-

mue ; de-là leurs agitations con-
tinuelles. Le mouvement les rend
à leur état naturel, il les anime,
il eſt néceſſaire à leur exiſtence,
il eſt leur eſſence même , bien
mieux que ce mouvement phyſi-
que dont le ſang eſt le moteur,
& qui n'eſt que le Miniſtre établi
par des Loix ſuprêmes pour ſeconder les mouvemens de l'ame,
dont il ne ſçauroit être le principe. L'homme excité, ému, agité, eſt dans l'état qui lui convient
le mieux ; il eſt dans la voie du
bonheur , puiſqu'on s'en écarte
toujours moins quand on n'eſt pas
déplacé ; & comme les ſeules paſſions peuvent l'exciter , l'émou-
voir, l'agiter, elles ſont ſans doute
les principales ſources de ſon bonheur.

On propoſeroit en vain à un
ambitieux un repos qui arrêteroit
tous ſes mouvemens , & qui lui

donneroit en un inftant ce qu'il veut acquérir par bien des travaux. Il eft agité de mille foins, il eft accablé de fatigues, il eft rempli d'inquiétudes, il roule de vaftes deffeins, fon imagination fuffit à peine à fes projets ; fon fommeil eft interrompu, le lieu du repos ceffe de l'être pour lui, il le quitte avant que le jour ouvre la fcêne du travail : le repas, les fpectacles, les jeux, les fêtes font des délaffements pour fon corps, qui ne paffent pas à fon efprit ; de combien de maux le repos ne le délivreroit-il pas ? Mais il ne feroit plus remué, il ne feroit plus ému, il ne connoîtroit plus cette crainte, cette efpérance qui tiennent fon ame dans une douce agitation : il n'éprouveroit plus la vive joie des fuccès inattendus ; fa vanité n'auroit plus de part à ces événemens heureux

qui le flattent, & qu'il croit devoir à son seul génie ; il ne for-
meroit plus de projets, il ne feroit plus de vœux, son imagination ne s'égareroit plus dans ses
riantes idées qui ne connoissent
point de bornes. Que de biens lui
seroient enlevés ! Il ne balance
point, il rejette un dangereux
repos qui éteindroit insensiblement des feux dont son cœur est
insatiable. La possession sauve rarement de l'ennui, ou du dégoût
qui suit de près la satiété. Le bonheur des hommes est moins dans
l'accomplissement des desirs, que
dans les desirs mêmes.

C'est ce qui rendit Pyrrhus sourd
à la voix de Cinéas. Ce Roi n'as-
piroit pas en effet au repos qui
lui paroissoit le but de tous ses
projets ; son bonheur étoit dans
les idées des entreprises successi-
ves ; son ame agitée sans cesse, nâ-
geoit dans ces émotions insépa-

rables des grandes efpérances , &
que le repos ne connut jamais :
il eût été moins heureux en ob-
tenant d'abord ce qu'il ne pouvoit
acquerir que par des peines & des
fatigues infinies : difons mieux ;
il ne fuyoit rien tant , fans le fçavoir , que l'état qu'il regardoit
comme le terme de fes defirs. Il
eft dangereux ce terme, lorfqu'il
borne nos vœux. Nous poffédons
alors ce que nous fouhaitons; mais
ce que nous croyons fouhaiter ,
n'eft pas toujours ce que nous fouhaitons réellement. Les fuccès les
plus heureux nourriffent le cœur
pour un temps, fans le raffafier ;
de même que les alimens ne fervent au corps que pour quelques
heures , & que dès que l'admirable diftribution en eft faite , il
faut en préparer une feconde :
ainfi dès que les mouvemens, les
feux qui agitent le cœur , font
éteints, dès que le crépufcule de

cette lumiere eſt terminé, dès que
les ébranlemens ceſſent, il faut une
nouvelle nourriture, il faut de nouvelles agitations, il faut les rappeller à la vie.

Quel vuide affreux dans le cœur
de cet homme, qu'une vive paſſion n'occupe plus ! Il étoit plein
d'un objet qui lui étoit extrêmement cher, il lui rapportoit toutes ſes démarches ; c'étoit le point
où aboutiſſoient tous ſes deſirs ;
agité, ému, tranſporté, ſon cœur
flottoit dans des eſpérances qui
n'étoient remplies que pour être
renouvellées. Les peines, les ſoins,
les fatigues, propres à ſeconder ſa
paſſion, ſont pour lui des plaiſirs touchants. Il oublie ſans effort
le Monde entier dans une ſoli-
tude qu'une ſeule perſonne remplit : il vole au milieu d'une foule innombrable, il y cherche, il
n'y voit qu'un objet ; il approche

avec palpitation, il se livre avec transport, il s'éloigne avec regret. Dans une continuelle agitation, des jours qui se succedent avec rapidité, lui offrent toujours quelque nouvelle émotion : les nuages même qui les rendent nébuleux, servent à mieux faire goûter la sérénité qui doit les suivre. Quel changement ! quel ennui dévorant va remplir la longueur de ses jours qui couloient si rapidement ! Seul dans le sein de sa famille, isolé dans le sein de sa Patrie, triste au milieu des plaisirs, tout se présente à ses yeux, rien ne se peint à son cœur, il ne cherche rien, il n'attend rien ; point de rapport, point d'application ; les jours se passent dans une triste égalité ; il voit arriver les ténebres sans impatience, & revoit la lumiere sans dessein ; son esprit est sans ressort ; son cœur est sans desir, son ame est sans émotion ; il est malheureux, & ce cruel ennui ne cédera qu'à la nouvelle passion destinée à remplir le vuide immense qui vient de se faire dans son cœur.

Nous voulons être émus, & ce penchant indomptable nous rendant moins difficiles sur le choix, a souvent triomphé de la raison. C'est ce puissant attrait de l'émotion qui conduisoit les Romains au sanglant spectacle des Gladiateurs, dont la cruelle situation mettoit l'ame des Spectateurs dans une agitation mêlée d'horreur & de plaisir. C'est un attrait qui, supérieur quelquefois aux sentimens de l'humanité, nous entraîne à des scênes plus tristes & plus nécessaires, où nous ne nous rendrions pas avec empressement, si nous n'y frémissions avec plaisir. Cet amusement si commun & si souvent dangereux, qui fait l'occupation d'une infinité de personnes, & qui devient une passion violente pour bien des hommes, doit son empire à cet attrait. Plusieurs de ceux qui s'y livrent, peuvent se passer des succès, & sçavent que les revers les exposent à des situations fâcheuses; mais ce ne sont pas positivement les suites du jeu qu'ils cherchent; c'est le plaisir de l'agitation qui précede ces suites. Il se peut que par l'habitude d'avoir la fortune favorable, ou pour remédier à ses revers, l'appas du gain devienne l'objet principal; mais outre que cet objet est pour l'ame une émotion très vive, il est certain que la crainte & l'espérance qui se succédent dans le jeu, sont les liens indissolubles qui y attachent une infinité de gens : & on ne peut mieux expliquer l'atten-

tion & la constance de ceux qui
sont simples spectateurs, que par
leur façon de participer à l'agitation de ceux qui combattent.
Ceux-ci sont souvent les victimes
du sort; ils ont essuyé les caprices de la fortune, mais ils ont été
vivement occupés, ils ont été
violemment agités; l'émotion re-
commencera le jour suivant, elle
sera terminée par le succès; l'espoir renaît, & annonce une douce palpitation. La raison veut en
vain inspirer de nouvelles crain-
tes; elle peut éclairer, développer,
combattre les affections de l'ame,
mais elle suffit rarement à les détruire, parce qu'elle ne peut jamais
les remplacer. Nous raisonnons,
nous réfléchissons, nous voyons
les objets tels qu'ils sont, lorsque
l'émotion est passée, lorsque l'ame
est rassasiée de sentir. L'esprit
pour lors a le dessus; il blâme, il

condamne, il réforme : bientôt
les befoins renaiffent ; bientôt l'a-
me demande une nouvelle nourriture ; l'illufion recommence ;
l'efprit fait de vains efforts, la raifon fe taît, le cœur reprend fa
fupériorité naturelle, & force fouvent l'efprit à feconder fes émotions.

Ils la reconnurent cette fupériorité, ces ennemis apparents
des paffions, ces prétendus Sages, ces Philofophes du Porti-
que ; ils lui céderent, & toute
leur étude fe borna à mieux ca-
cher leur défaite. Ils s'élevent
contre les paffions, ils tonnent, ils
les foulent aux pieds. Infenfés !
ils feroient les plus malheureux
des hommes, fi ces paffions ne
trouvoient accès dans leurs cœurs;
elles fervent ces ingrats malgré
eux. Sans elles, foufriroient - ils
conftamment la faim, la foif, &
les

les rigueurs des saisons ? Sans
elles, renonceroient-ils aux douceurs de la vie ? Sans elles, se-
roient-ils insensibles à la dou-
leur ? L'amour de la vérité n'é-
toit pas capable de ces efforts dans
des cœurs qui n'étoient éclairés
que par de fausses lumieres : mais
le desir de paroître des hommes
singuliers, de fixer l'attention des
autres, d'être loués, d'être admi-
rés, leur fournit tant d'idées bi-
sarres, & les soutient dans un
genre de vie si austere ; ils doivent à cette passion leur sérénité,
leur tranquillité apparente au milieu des peines qui leur deviendroient insupportables, si ces passions les abandonnoient. Le Stoï-
cien tire toute sa gloire de l'ha-
bit grossier qui le couvre, sa vanité perce à travers ses haillons :
c'est sa ressource contre l'intem-
périe des saisons ; l'orgueil triom-

O

phe de la senſibilité. Diogene ſin-
guliérement paſſionné , fait ſon
idole d'un tonneau , où il met
ſon eſprit & ſon corps à la gêne ;
il y eſt dans une continuelle con-
trainte : ce n'eſt pas la vérité qu'il
cherche , mais il attend avec impatience l'inſtant où Alexandre
viendra flatter ſa vanité : ce Prince dépoſera , pour ainſi dire , ſa
gloire aux pieds du Cynique ; ſes
Courtiſans , frappés de la nou-
veauté du ſpectacle , auront tous
les yeux ſur le Philoſophe ; quel
triomphe ! cette idée embellit ,
agrandit ſon ſéjour ! ſon orgueil
fait ſon bonheur. Ils briſoient ,
ces Philoſophes peu ſinceres , les
autels des paſſions qu'ils n'éprou-
voient pas , mais ils ſacrifioient
en ſecret à celle qui les poſſédoit ;
ils étoient atteints de la même
maladie , avec des ſymptômes différens.

Mais ne leur doit-on pas quelque indulgence, puisque ce principe de vanité a trouvé place dans des cœurs à qui une morale plus saine fournit des ressources plus assurées ? Avouons-le de bonne foi, & à la honte de la raison, nous devons moins à l'amour de la vérité, qu'à celui de la gloire, cette foule de préceptes, d'instructions, de méthodes, & tous ces traits lumineux qui brillent dans tant d'Ecrits. La vertu se passe des ornemens étrangers, & nous n'en sommes si avides, que parce que nous cherchons moins à persuader qu'à plaire. On ne devroit répandre des fleurs avec confiance, que lorsqu'on est assûré de faire goûter les fruits. C'est ce desir des applaudissemens & des louanges qui soutient tant d'Ecrivains dans la carriere qu'ils courent ; ils n'eussent point écrit, s'ils n'euſſent pas compté ſur des admirateurs ; leur vanité les ſauve du dégoût d'un travail pénible. Une paſſion produit tous ces chefs-d'œuvre.

Mais ces biens ſont moins eſſentiels : voyons-en de ſupérieurs. Les paſſions ſervent tous les états ; on les trouve partout où il y a des hommes. Elles ſe gliſſent dans ces aſyles que la Religion offre à ceux qu'elle a convaincus. Que vont faire les paſſions dans des lieux deſtinés à les combattre ? Vont-elles oppoſer leurs ténebres aux plus vives lumieres ? Vont-elles ſouiller la pureté de ce ſéjour ? Non : elles vont rendre le triomphe de la Religion plus aſſûré, en rempliſſant des intervalles plus néceſſaires ; elles rapprochent des exercices édifians ; elles écartent un loiſir déſoccupé ; elles vont au-devant des dégoûts ; elles

sauvent des regrets criminels.
Toutes les cellules que je vois
dans cette retraite ne renferment
pas ces hommes rares dont l'ame
toujours élevée vers des biens im-
mortels, a abandonné la terre avant
que d'en être séparée, & qui paf-
fant alternativement des fonctions
les plus faintes aux réflexions les
plus folides, ne perdent jamais de
vue l'objet dont ils font remplis.
Admirons-les ces hommes divins,
mais n'exigeons pas une imitation parfaite : avec les mêmes defirs on n'eft pas capable des mêmes efforts. Le Solitaire à qui des
organes différens refufent une con-
tention d'efprit continuelle, ne
fuffiroit pas à fes devoirs, fans
des intervalles dont la néceffité a
été fagement prévue : mais s'ils
n'étoient remplis ces intervalles,
fi l'inaction en faifoit le partage,
l'homme attaqueroit le Solitaire

l'uniformité d'une vie humble &
foumife, qui dépouille l'humanité de fes droits, pourroit infpirer du dégoût : les fens impérieux,
toujours prêts à fe révolter, com-
battroient peut-être avec avantage ; un regard complaifant fur de
frivoles plaifirs, porteroit le trouble dans le centre de la paix. Une
innocente curiofité prévient tous
ces défordres. Des fleurs, une mé-
daille, un tableau, le goût, la
culture des Lettres, fixent l'efprit
dans ces momens de loifir, &
caufent à l'ame une efpece d'é-
motion. Ces amufemens affectent
le Solitaire, fans l'enlever à fon
état ; & fi l'ame, toujours avide
de fenfation, porte quelquefois
ces amufemens jufqu'à la paffion,
cette paffion n'eft point un vice,
fi les loix du devoir ne font pas
bleffées. L'homme eft un Eftre fi
borné, qu'il a fouvent befoin des

biens imaginaires pour s'élever aux biens réels.

Réformons donc nos idées. Les passions sont utiles aux hommes, elles leur sont nécessaires, elles aident à remplir leurs besoins, & des besoins qui font partie de leur essence, puisque l'émotion est, pour ainsi dire, la vie de l'ame, de même que la pensée est l'essence de l'esprit. Refuser à ces facultés la nourriture qui leur est propre, c'est troubler une harmonie que nous devons respecter en silence, si nos organes grossiers ne peuvent en sentir les beautés.

Ce n'est point en violant toutes ces Loix, en détruisant les ressorts de notre esprit, en écartant l'émotion de notre cœur, que nous travaillons avec succès à notre bonheur. Celui qui mesurant le malheur des hommes à leur

agitation, s'abandonne à une triste indolence, & se jette entre les
bras d'une languissante oisiveté,
connoît peu la nature de son ame;
il est sourd à la voix de la nature : indifférent sur les intérêts
de la Société, en garde contre
les passions, il parvient, après
cent combats, à mépriser les douceurs de la vie, à n'avoir point
d'objet séduisant, à ne pas former de desirs. Insensé qu'il est,
il se donne des peines infinies pour
se rendre extrêmement malheureux. C'est l'agitation qu'il fuit,
qui fait le bonheur des hommes.
Voulez-vous les rendre malheureux *, dit un de ces génies que
la France comptera toujours parmi ses grands hommes, ôtez-leur
tous ces soins, toutes ces agitations ; plongez-les dans le repos,
livrez-les à eux-mêmes, ils ne se

* Pascal.

fuffiront pas. Accablés du pefant
fardeau de l'inaction, tous leurs
pas feront marqués au coin de
l'ennui. Cet efprit dont la capacité eft infinie, à qui nous devons tant de traits lumineux, tant
de découvertes utiles, tant d'heu-
reufes hardieffes, fera fans fonction & fans reffort; & l'ame, ce
fouffle d'une immortelle effence,
privée de la faculté qui la cara-
ctérife, languiffante, attiédie,
avilira dans une obfcure infenfibi-
lité la grandeur de fon origine.

Loin de nous un fi dangereux
repos : fans détruire des mouvemens utiles à la Société, & néceffaires au bonheur de l'homme,
fuyons les émotions exceffives,
les agitations violentes, les paffions tumultueufes qui nourriffent
l'ame du poifon qui s'eft gliffé
dans le cœur; l'efprit eft fait pour
concevoir, le cœur pour aimer,

O v

l'ame pour fentir. Etudions les devoirs de notre état ; aimons dans le refpect l'ordre harmonieux établi dans la nature , & que cet amour nous éleve vers l'Auteur de tous ces biens. Ces objets fupérieurs à toutes les affections , peuvent feuls fournir à l'ame des paffions qui l'agitent fans la troubler , qui entretiennent une douce paix au milieu des plus vives émotions.

Que ceux donc qui font parvenus à connoître que les paffions font effentielles au bonheur de l'homme , s'élevent jufqu'à une vérité plus importante : qu'ils apprennent que leur bonheur ne fera jamais folide , fi leur paffion porte fur un objet paffager.

Sans oublier que tout arrive par les décrets d'une Sageffe fuprême, qui fçait puifer le bien dans le fein du mal , plaignons ceux qui , moins

attentifs fur le choix, ne font jamais paſſionnés ſans être criminels, & cherchons dans l'amour
de l'ordre, des paſſions qui n'ex-
cluent pas les vertus.

Fin de la ſeconde Partie.

TABLE
DES MATIERES.

LETTRE I.

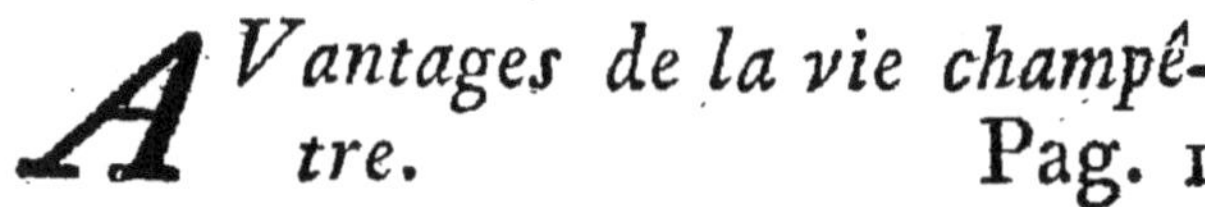

LETTRE II.

LETTRE III.

LETTRE IV.

LETTRE X.

LETTRE XI.

LETTRE XII.

LETTRE XIII.

LETTRE XIV.

LETTRE XXXII.

Fin de la Table des Matieres.